Geographisches Institut
der Universität Kiel
ausgesonderte Dublette

Geographisches Institut
der Universität

Gießener Geographische Manuskripte

Die Professoren des Instituts für Geographie
der Justus-Liebig-Universität Gießen (Hrsg.)

Band 2

Samuel Lüdemann
Marten Lößner

Warum werde ich Geographielehrer?

Eine empirische Untersuchung
zu den Berufswahlmotiven von
Lehramtsstudierenden der Geographie an
der Justus-Liebig-Universität Gießen

Shaker Verlag
Aachen 2011

Bibliografische Information der Deutschen Nationalbibliothek
Die Deutsche Nationalbibliothek verzeichnet diese Publikation in der Deutschen
Nationalbibliografie; detaillierte bibliografische Daten sind im Internet über
http://dnb.d-nb.de abrufbar.

Copyright Shaker Verlag 2011
Alle Rechte, auch das des auszugsweisen Nachdruckes, der auszugsweisen
oder vollständigen Wiedergabe, der Speicherung in Datenverarbeitungs-
anlagen und der Übersetzung, vorbehalten.

Printed in Germany.

ISBN 978-3-8322-9986-6
ISSN 2190-5282

Shaker Verlag GmbH • Postfach 101818 • 52018 Aachen
Telefon: 02407 / 95 96 - 0 • Telefax: 02407 / 95 96 - 9
Internet: www.shaker.de • E-Mail: info@shaker.de

Vorwort

Die vorliegende Studie fasst Ergebnisse zusammen, die von Geographen der Universität Gießen in zweijährigen Untersuchungen gewonnen wurden. Es geht im Kern um die Motive der Berufswahl von Lehramtsstudierenden der Geographie. Die Autoren präsentieren hierzu zahlreiche Befunde. Mit Hilfe eines standardisierten Fragebogens erheben sie wichtige Parameter, die in der Hauptuntersuchung verfolgt und auf ihre Bedeutung überprüft werden. Die deskriptive und die explorative Dateianalyse ermöglichen es den Verfassern, facettenreiche Einblicke in ein komplexes Themenfeld zu gewinnen.

Die Untersuchung leistet damit einen Beitrag zum vieldiskutierten Forschungsfeld der Berufswahlmotivation und den möglichen Zusammenhängen von universitärer Ausbildung und späterem Beruf.

Johann-Bernhard Haversath

Inhaltsverzeichnis

VORWORT I

INHALTSVERZEICHNIS III

ABKÜRZUNGSVERZEICHNIS VI

ABBILDUNGSVERZEICHNIS VII

TABELLENVERZEICHNIS VIII

SUMMARY 1

1 PROBLEMSTELLUNG UND ZIELSETZUNG 2

2 THEORETISCHE GRUNDLAGEN UND FORSCHUNGSSTAND 3

2.1 Theoretische Grundlagen   3

    2.1.1 Person-Gegenstands-Theorie des Interesses 3
    2.1.2 Intrinsische und extrinsische Motivation 4

2.2 Ergebnisse früherer Untersuchungen   5

3 HYPOTHESEN/FRAGESTELLUNGEN 10

4 METHODE 11

4.1 Stichprobe   11

4.2 Aufbau des Messinstruments   12

4.3 Pretestverfahren   15

4.4 Überprüfung der testtheoretischen Brauchbarkeit   16

    4.4.1 Objektivität 16
    4.4.2 Reliabilität und Homogenität 17
    4.4.3 Validität 18
    4.4.4 Zusammenfassung 18

4.5 Durchführung der Hauptstudie   19

5 ERGEBNISSE DER EMPIRISCHEN UNTERSUCHUNG 19

5.1 Deskriptive Datenanalyse — 19

    5.1.1 Struktur der Stichprobe ... 19
    5.1.2 Rankings ... 26
    5.1.3 Vergleich der Interessen von Geographie-Lehramtsstudierenden und Schülern ... 29
    5.1.4 Vergleich der Untersuchungsergebnisse mit denen der HIS-Studie ... 30

5.2 Explorative Datenanalyse — 32

    5.2.1 Was versteht man unter explorativer quantitativer Datenanalyse? ... 32
    5.2.2 Faktorenanalyse ... 32
    5.2.3 Ermittlung der Subskalen zu den Berufswahlmotiven ... 33
    5.2.4 Ermittlung der Subskalen zum Interesse ... 39
    5.2.5 Korrelation der Skalen und Vergleich mit Urhahnes Ergebnis ... 41

5.3 Einfluss unabhängiger Variablen — 44

    5.3.1 Mittelwertvergleiche bzgl. der unabhängigen Variable Geschlecht ... 44
    5.3.2 Mittelwertvergleiche bzgl. der unabhängigen Variable Lehramtsstudiengang ... 47
    5.3.3 Mittelwertvergleiche bzgl. der unabhängigen Variable „Sind oder waren die Eltern Lehrer" ... 49
    5.3.4 Mittelwertvergleiche bzgl. der unabhängigen Variable „Erdkunde in der Oberstufe" ... 51

6 ÜBERPRÜFUNG DER FRAGESTELLUNGEN UND HYPOTHESEN ... 53

7 FAZIT UND AUSBLICK ... 56

8 LITERATURVERZEICHNIS ... 58

ANHANG ... 62

I. Fragebogen Hauptstudie — 62

II. Strukturdiagramme: Faktorenanalytisch überprüfte Subskalen zu intrinsischen und extrinsischen Berufswahlmotiven — 70

III. Ranking nach Mittelwerten der Studienwahl-Motivvariablen des Fragebogenteils A (basierend auf HEINE ET AL. 2005) — 72

IV. Ranking nach Mittelwerten der extrinsischen Berufswahl-Motivationsvariablen des Fragebogenteils B (basierend auf URHAHNE. 2006) — 74

V. Ranking nach Mittelwerten der intrinsischen Berufswahl-Motivationsvariablen des Fragebogenteils B (basierend auf URHAHNE. 2006) — 75

VI. Ranking nach Mittelwerten der geographiespezifischen Interessenvariablen des Fragebogenteils C (basierend auf HEMMER & HEMMER 2002b)   76

Abkürzungsverzeichnis

HIS	Hochschul-Informations-System
JLU	Justus-Liebig-Universität
WS	Wintersemester
SS	Sommersemester
L1	Lehramt für Grundschulen
L2	Lehramt für Haupt- und Realschulen
L3	Lehramt für das Gymnasium
L5	Lehramt für Förderschulen
A	Fragenblock A
B	Fragenblock B
C	Fragenblock C
D	Fragenblock D
EDA	Exploratory Data Analysis
KMK	Kaiser-Meyer-Olkin Kriterium
H	Hypothese bzw. Fragestellung

Abbildungsverzeichnis

Abbildung 1: Rahmenmodell der Interessengenese (verändert nach Krapp 1998:191) 4

Abbildung 2: Verteilung von immatrikulierten Studierenden und Teilnehmern der Stichprobe nach Semesterzahl 12

Abbildung 3: Zusammensetzung Messinstrument 13

Abbildung 4: Altersstruktur nach Geschlecht 19

Abbildung 5: Geschlechtsverteilung (N=304) 20

Abbildung 6: Vergleich der Studierenden nach Lehramtsstudiengang (Es wurde auf das Lehramt an Grundschulen [N=1] verzichtet.) 20

Abbildung 7: Verteilung der Stichprobe nach Semesterzahl 21

Abbildung 8: Verteilung nach Fächerkombination (Geographie + x) 22

Abbildung 9: Anzahl der Studierenden, die Erkunde in der Oberstufe hatten oder nicht 23

Abbildung 10: Anzahl der Studierenden, die Erkunde als Grund- oder Leistungskurs in der Oberstufe hatten 23

Abbildung 11: Verteilung – Höchster beruflicher Abschluss der Eltern 25

Abbildung 12: Anteil der Studierenden mit mind. einem Elternteil als Lehrer (in %) (N=306) 26

Abbildung 13: Schema der Durchführung einer Faktorenanalyse nach Backhaus et al. (2000:261) 33

Tabellenverzeichnis

Tabelle 1: Berufswahlmotive - Rangfolge nach Dann & Lechner 2001 (Mittelwerte; 5 = starke Wertung, 1 = schwach) (N = unbekannt).. 7

Tabelle 2: Prozentuale Verteilung der Anzahl der Nennungen der Motivkategorien nach den Studiengängen (ohne Grund- und Sonderschulen). Quelle: Ulich 2004:21 (eigene Darstellung) 7

Tabelle 3: Mittelwertranking Studien- und Berufswahlmotivation (0=unwichtig, 4= sehr wichtig) (Eberle & Pollak 2006:31) (Eigene Darstellung).. 8

Tabelle 4: Urhahnes (2006) Subskalen zur extrinsischen und intrinsischen Motivation 9

Tabelle 5: Subskalen Reliabilität 17

Tabelle 6: Durchgeführte Praktika 24

Tabelle 7: Ranking nach Mittelwerten zu Motiven der Studienfachwahl (vgl. Anhang I Messinstrument) (1=sehr wichtig; 5=unwichtig) (N=312) 27

Tabelle 8: Ranking Berufswahlmotive nach Urhahne (N=312) 28

Tabelle 9: Ranking Berufswahlmotive nach Urhahne (N=312) 28

Tabelle 10: Mittelwerte zu den zehn interessantesten geographiespezifischen Themenitems (N=302) 29

Tabelle 11: Mittelwerte zu den zehn uninteressantesten geographiespezifischen Themenitems (N=302) 29

Tabelle 12: Ergebnisse der Schülerbefragung von 1995 bzgl. des Interesses an geographischen Themen (N≈2657) Quelle: Hemmer & Hemmer 2006 30

Tabelle 13: Motivkategorien nach HIS-Studie 30

Tabelle 14: Studienwahlmotive nach Studie in Gießen, HIS-Studie Lehramt und HIS-Studie insgesamt in Prozent. (Angaben auf einer Skala von 1 = sehr wichtig bis 5 = unwichtig; Stufen 1 und 2) (Daten aus HIS-Studie WS 2004/05) 31

Tabelle 15: Beurteilung der KMK-Werte nach Kaiser & Rice (1974) 34

Tabelle 16: Ladung der Variablen zur Berufswahlmotivation (Hauptkomponentenmethode, Varimax-Rotation) 36

Tabelle 17: Extrinsische Motivationsvariablen nach Subskalen (Hauptkomponentenmethode; Varimax Rotation) sowie entsprechende Ladungen, KMK-Werte und Cronbachs α 37

Tabelle 18: Intrinsische Motivationsvariablen nach Subskalen (Hauptkomponentenmethode; Varimax Rotation) sowie entsprechende Ladungen, KMK-Werte und Cronbachs α. 38

Tabelle 19: Interessevariablen nach Subskalen (Hauptkomponentenmethode; Varimax Rotation) sowie entsprechende Ladungen, KMK-Werte und Cronbachs α 40

Tabelle 20: Produkt-Moment-Korrelation zwischen fachlichen Interessen, intrinsischen und extrinsischen Berufswahlmotiven 43

Tabelle 21: Unterschiede in den Mittelwerten zwischen den Geschlechtern auf Faktorenebene (m = 126; w = 178) 45

Tabelle 22: Geschlechtsspezifische Mittelwertunterschiede (Variablenebene, extrinsische Motive) 45

Tabelle 23: Geschlechtsspezifische Mittelwertunterschiede (Variablenebene, intrinsische Motive) 46

Tabelle 24: Geschlechtsspezifische Mittelwertsunterschiede (Variablenebene, Interesse, 1 = interessiert mich sehr, 5 = interessiert micht nicht)47

Tabelle 25: Unterschiede in den Mittelwerten zwischen L2 und L3 auf Faktorenebene (N/L3 = 172; N/L2 = 115) 48

Tabelle 26: Unterschiede in den Mittelwerten zwischen L2 und L3 auf Variablenebene (Motivationsvariablen; N/L2 = 115;N/L3 = 172). 48

Tabelle 27: Unterschiede in den Mittelwerten zwischen L2 und L3 auf Variablenebene (Interessevariablen) 49

Tabelle 28: Unterschiede in den Mittelwerten zwischen „mindestens ein Elternteil Lehrer" (N=63) und „Eltern sind keine Lehrer" (N=242) auf Subskalenebene 50

Tabelle 29: Unterschiede in den Mittelwerten zwischen „mindestens ein Elternteil Lehrer" (N=63) und „Eltern sind keine Lehrer" (N=242) auf Variablenebene (Berufswahlmotive) 50

Tabelle 30: Unterschiede in den Mittelwerten zwischen „mindestens ein Elternteil Lehrer" (N=63) und „Eltern sind keine Lehrer" (N=242) auf Variablenebene (Interessen) 50

Tabelle 31: Unterschiede in den Mittelwerten zwischen „Erdkunde in der Oberstufe" (N=159) und „keine Erdkunde in der Oberstufe" (N=151) auf Skalenebene 51

Tabelle 32: Unterschiede in den Mittelwerten zwischen „Erdkunde in der Oberstufe" (N=159) und „keine Erdkunde in der Oberstufe" (N=151) auf Variablenebene (Interesse) 51

Tabelle 33: Unterschiede in den Mittelwerten zwischen „Erdkunde in der Oberstufe" (N=159) und „keine Erdkunde in der Oberstufe" (N=151) auf Variablenebene (Berufswahlmotive).. 52

Summary

Why I Want to Become a Geography Teacher? An empiric survey to geography education students' motives of vocational choice at the Justus-Liebig-University Gießen

A variety of surveys concerning the question why individuals decide to enter into the teacher profession have been carried out so far. Thus, a weakness of these empirical studies from the point of view of geography education is that interest in the subject itself as a frequently given motive for becoming a teacher, has not been measured variably enough. On the basis of Urhahne's research (2006) in the field of Biology education, the aim of this study investigating the subject Geography was to determine possible correlations between extrinsic and intrinsic motives of choice for the course of studies and subject-specific interests. For this reason 312 Geography education students at the University of Gießen (Germany) have been interviewed by means of a standardized questionnaire. With the help of explorative factor analysis intrinsic as well as extrinsic motivation scales have been calculated. As a result a number of significant variations with regard to the weights of individual motives or interests could be identified. The students in Gießen mentioned pedagogical motivation as the most significant intrinsic motive. Moreover, at least parts of the results of Urhahne's study have been confirmed: intrinsic motives correlate merely mildly to moderately with the subject-specific interests.

Warum werde ich Geographielehrer? Eine empirische Untersuchung zu den Berufswahlmotiven von Lehramtsstudierenden der Geographie an der Justus-Liebig-Universität Gießen

Bisher ist eine Vielzahl von Studien bezüglich der Frage, warum Individuen sich für das Lehramt entscheiden, erschienen. Eine Schwäche dieser empirischen Studien ist, dass das Interesse an dem Unterrichtsfach an sich, welches ein häufig genanntes Berufswahlmotiv darstellt, nicht differenziert genug gemessen wurde. Auf der Grundlage der Untersuchung von Urhahne (2006) aus dem Bereich der Biologiedidaktik war es das Ziel dieser Studie, für das Lehramtsfach Geographie mögliche Korrelationen zwischen extrinsischen und intrinsischen Motiven der Studienwahl und den fachspezifischen Interessen zu bestimmen. Aus diesem Grund wurden an der Universität Gießen 312 Geographie-Lehramtsstudenten mittels eines standardisierten Fragebogens befragt. Mit Hilfe explorativer Faktorenanalysen wurden extrinsische sowie intrinsische Motivskalen errechnet. Als ein Ergebnis konnten eine Reihe von signifikanten Differenzen hinsichtlich der Stärke von individuellen Motiven und Interessen identifiziert werden. Die Gießener Studenten nannten die *Pädagogische Motivation* als das bedeutendste intrinsische Motiv. Zudem bestätigten sich Teile der Ergebnisse von Urhahnes Studie: Intrinsische Motive korrelieren nur in geringen bis mittleren Maße mit den *Fachspezifischen Interessen*.

1 Problemstellung und Zielsetzung

Warum entscheiden sich junge Menschen für ein Lehramtsstudium der Geographie? Welche Motive führen dazu den Beruf des Erdkundelehrers[1] zu wählen? Diesen und weiterführenden Fragen soll in dieser Arbeit nachgegangen werden.

Die Entscheidung für einen Beruf bzw. die entsprechende Ausbildung stellt für junge Menschen eine zentrale Problemstellung ihrer Lebensplanung dar. Diese Entscheidungsfindung ist ein komplexer Prozess, der von verschiedenen Faktoren beeinflusst wird. Wesentliche Einflussfaktoren sind die individuellen Interessen und Berufswahlmotive sowie Vorstellungen über die zukünftige berufliche Tätigkeit.

Studien- und Berufswahlmotive sind nicht nur Gegenstand wissenschaftlicher Forschung, sondern werden auch in der Öffentlichkeit zur Erklärung von Lehrerverhalten herangezogen. Dies kann sowohl aus negativem als auch positivem Blickwinkel stattfinden. Bspw. wird den Lehrern häufig vorgeworfen, dass ihre Berufswahl nur durch die langen Ferien oder die Verbeamtung motiviert sei. Andererseits wird auch ihr Einsatz für die Schüler bewundert und ihnen eine sozial erwünschte pädagogische Motivation attestiert. Inwiefern sich solche Vermutungen für die Lehramtsstudierenden der Geographie an der Justus-Liebig-Universität bestätigen, bedarf einer empirischen Untersuchung. Die im Rahmen dieser Examensarbeit durchgeführte Studie baut in Struktur und Methodik auf der in der Biologiedidaktik durchgeführten Untersuchung von Urhahne (2006) auf. Neben der Erhebung der intrinsischen und extrinsischen Berufswahlmotive werden die geographiespezifischen Interessen der Geographie-Lehramtsstudenten erhoben, um einen möglichen Zusammenhang dieser Faktoren zu prüfen. Des Weiteren sollen eventuelle Unterschiede bei den Berufswahlmotiven und den Interessen in Abhängigkeit von den unabhängigen Variablen (z.B. Geschlecht, Lehramtsstudiengang) herausgefunden werden. Die im Rahmen dieser Arbeit durchgeführte Befragung der Geographie-Lehramtsstudenten in Gießen ist nur für den genannten Bezugsort repräsentativ, d.h. die in dieser Arbeit zu prüfenden Hypothesen gelten allein für den Standort Gießen. Darüber hinaus dient die Untersuchung der Hypothesen-Generierung für eine mögliche universitätsübergreifende Folgeuntersuchung.

Zu Beginn der Arbeit werden zunächst theoretische Grundlagen dargelegt und auf den Stand der Forschung eingegangen (Kapitel 2). Darauf aufbauend werden die in dieser Untersuchung zu überprüfenden Hypothesen aufgestellt (Kapitel 3). Im vierten Kapitel wird die methodische Herangehensweise erläutert, während im fünften Kapitel die Ergebnisse, gegliedert nach der statistischen Auswertungsmethode, dargestellt werden. Zum besseren Verständnis der Befunde werden die einzelnen Analyseschritte detailliert beschrieben. Im Anschluss werden die Resultate zusammenfassend in Kapitel 6 dargestellt.

Abschließend wird ein Fazit der Untersuchung gezogen und ein Ausblick auf mögliche Folgeuntersuchungen gegeben.

---

[1] Um umständliche Formulierungen wie „Beruf des Erdkundelehrers und der Erdkundelehrerin" zu vermeiden, benutze ich in dieser Arbeit die männliche Form stellvertretend für beide Geschlechter. Falls explizit eine bestimmte Geschlechtsform gemeint ist, werde ich dies im Text durch die Zusätze männlich oder weiblich kenntlich machen.

2 Theoretische Grundlagen und Forschungsstand

2.1 Theoretische Grundlagen

Diese Studie versucht einerseits die Berufswahlmotivation und andererseits das geographiespezifische Interesse der Gießener Geographie-Lehramtsstudenten zu erfassen. Für die Berufswahl ist das Interesse deshalb ein wesentlicher Einflussfaktor, weil es eng mit der intrinsischen Motivation verknüpft ist und diese beeinflusst (KRAPP 2006:281).

Im Folgenden werden die der Studie zugrunde liegenden Theorien genauer ausgeführt. Zunächst wird die Person-Gegenstands-Theorie des Interesses beschrieben; hieran schließt eine Erläuterung der Begriffe intrinsische und extrinsische Motivation an.

2.1.1 Person-Gegenstands-Theorie des Interesses

Entsprechend der von Schiefele, Krapp und Prenzel entwickelten Person-Gegenstands-Theorie bezeichnet Interesse ein herausgehobenes Verhältnis zwischen Person und (Lern-)Gegenstand (WILD, HOFER & PEKRUN 2001:220). Dieser Gegenstand kann ein konkretes Objekt (z.B. Gletscher), Themengebiet (z.B. Klima) oder eine bestimmte Tätigkeit (z.B. Karten lesen) sein (KRAPP 2006:281). Die Beziehung zwischen Person und Gegenstand lässt sich durch folgende Merkmale kennzeichnen (WILD, HOFER & PEKRUN 2001:221):

(a) Unter der *gefühlsbezogenen Valenz* versteht man die Assoziation bestimmter Lerninhalte bzw. Lernhandlungen mit positiven Gefühlen.
(b) Die Person ordnet dem Gegenstand eine hohe subjektive Relevanz zu (*wertbezogene Valenz*).
(c) Die Interessenshandlungen werden ohne äußeren Druck ausgeführt und sind selbstbestimmt (*intrinsische Komponente, bzw. Selbstintentionalität*).
(d) Des Weiteren ist unter dem Gesichtspunkt des Lernens die *epistemische Orientierung* ein bedeutendes Merkmal des Interesses. „Wer sich für eine Sache interessiert, möchte mehr darüber erfahren, sich kundig machen, sein Wissen erweitern" (Krapp 2006:281).

Wenn sich eine Person wiederholt mit einem Interessegegenstand auseinandersetzt, kann es zu einer Aufrechterhaltung (Persistenz) und einer inhaltlichen Schwerpunktbildung (Selektivität) des Gegenstandsbereiches kommen (VOGT 2007:12).

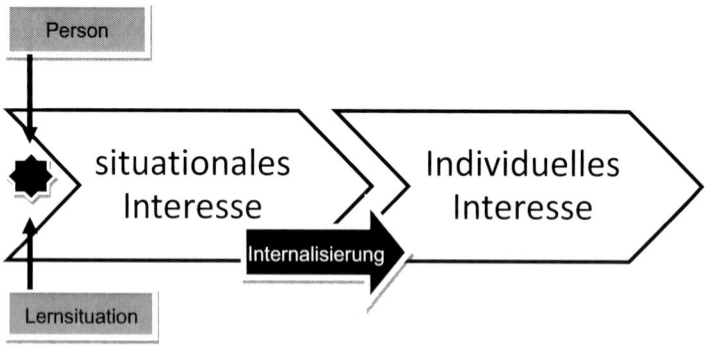

Abbildung 1: Rahmenmodell der Interessengenese (verändert nach Krapp 1998:191)

Das Interesse wird entsprechend verschiedener Analyseansätze unterteilt: zum einen in das *situationale Interesse*, welches einen situationsspezifischen motivationalen Zustand (Interessiertheit) darstellt, der durch die Interessantheit der Lernsituation, der Lernumgebung bzw. des Lerngegenstandes hervorgerufen wird; zum anderen beschreibt das *individuelle Interesse*, das aus situationalem Interesse entsteht (vgl. Abbildung 1), einen persönlichkeitsspezifischen Zustand relativ stabiler motivationaler Einstellung gegenüber dem Interessegegenstand (VOGT 2007:12).

Insbesondere das langfristig wirksame individuelle (dispositionale) Interesse steht in enger Beziehung zur intrinsischen Motivation (KRAPP 2006:281). Somit ist die Betrachtung des Zusammenhangs von Interessen und intrinsischen Berufswahlmotiven sinnvoll.

2.1.2 Intrinsische und extrinsische Motivation

Eng verbunden mit dem Interessenkonzept ist der Begriff der Intrinsischen Motivation. Eine *intrinsisch* motivierte Person setzt sich mit einem Gegenstand um seiner selbst willen auseinander, während eine *extrinsisch* motivierte Person von außen her motiviert wird, also von nicht direkt vom Gegenstand abhängigen Anreizen beeinflusst ist (WILD, HOFER & PEKRUN 2001:221).

Innerhalb der intrinsischen Motivation unterscheidet man zwischen einer *tätigkeitszentrierten* intrinsischen Motivation und einer *gegenstandszentrierten* intrinsischen Motivation. Im ersten Fall (*tätigkeitszentriert*) würde eine Person eine bestimmte Handlung (sich bspw. mit einem Lerngegenstand beschäftigen) ausführen, weil sie eine damit verbundene Tätigkeit gerne ausführt (z.B. experimentieren). Im zweiten Fall (*gegenstandszentriert*) würde eine Person eine bestimmte (Lern-)Handlung ausführen, weil sie an einem bestimmten Gegenstand Interesse zeigt (z.B. Plattentektonik).

Insbesondere an der gegenstandsbezogenen intrinsischen Motivation zeigt sich eine enge Verbindung mit der Interessetheorie (vgl. SCHIEFELE & KÖLLER 2006:303).

Im Unterschied zur intrinsischen Motivation versteht man *extrinsische Motivation* als Absicht eine Handlung durchzuführen, um damit von außen wirkende positive Effekte zu erreichen bzw. negative zu vermeiden. Grundlegend für diesen extrinsischen Aspekt ist, dass die herbeigeführten Effekte nicht in unmittelbarer, natürlicher Beziehung zu der eigentlichen Handlung stehen. Es lassen sich verschiedene Formen der extrinsischen Motivation unterscheiden, die SCHIEFELE & KÖLLER (2006:304) an einem Beispiel aufzeigen: „So kann ein Schüler z.b. dadurch zum Lernen motiviert sein, dass er eine positive Bewertung durch den Lehrer anstrebt, dass er einen hohen Grad an Kompetenz erreichen möchte, dass er besser als andere sein möchte, dass eine gute Note ihn seinem Berufsziel näher bringt oder dass ihm hohe Leistungen viel bedeuten. Dementsprechend könnte man zwischen sozialer Motivation, Kompetenzmotivation, Wettbewerbsmotivation, Berufsmotivation und Leistungsmotivation unterscheiden."

2.2 Ergebnisse früherer Untersuchungen

Die Forschung nach den Berufswahlmotiven von Lehramtsstudenten blickt im deutschsprachigen Raum auf eine lange Tradition zurück (TERHART ET AL. 1994:56). Nach einer sehr frühen Untersuchung von Schneider in den 1920er Jahren wurden bereits in den fünfziger und sechziger Jahren des vorigen Jahrhunderts Studien zur Wahl des Volksschullehrerberufes durchgeführt (URHAHNE 2006:112). Auch aus den siebziger und achtziger Jahren liegen eine Reihe von Arbeiten vor (BOSSMANN 1977; STELTMANN 1980; OESTERREICH 1987), jedoch sind die Ergebnisse nicht einfach auf die aktuelle Situation zu übertragen, da sich die Lehrerausbildung wie auch die Lehrerrolle verändert haben (MILLER 2007:20). In den 1960er Jahren veränderte sich das Lehramtsstudium. Es wurden praktische Studieninhalte ins Studium integriert (Referendariat), außerdem setzten eine stärkere Wissenschaftsorientierung und eine zunehmende Spezialisierung (Fächerwahl, Fachwissenschaft, Fachdidaktik) ein (SANDFUCHS 2004:28). In den letzten Jahren entwickelte sich die Rolle des Lehrers immer mehr vom Wissensvermittler zum Lernmoderator. Auch die Anstellungsbedingungen für frisch ausgebildete Lehrer bzw. die Anstellungs- und Entwicklungschancen in alternativen Berufsfeldern beeinflussen die Studienwahl. Hier lassen sich zyklische Phasenwechsel zwischen Lehrermangel und einer Übersättigung des Lehrermarktes, in der viele qualifizierte Pädagogen mit Arbeitslosigkeit konfrontiert sind, feststellen (TERHART 2004:54). LIPOWSKY (2003:92) hält fest: „Die Berufswahlentscheidung und die Berufsmotivation von Lehrern sind, wie Werthaltungen grundsätzlich, gesellschaftlichen Wandlungen unterworfen. Sie verändern sich mit gesamtgesellschaftlichen Entwicklungen." Folglich ist eine neue Untersuchung sinnvoll. Dennoch lassen sich auch Parallelen zwischen den Ergebnissen verschiedener Studien zur Berufswahlmotivation von Lehramtsstudenten finden. Ergebnisse verschiedener Untersuchungen zeigen übereinstimmend, dass die Wahl des Lehrerberufs von intrinsischen und extrinsischen Motiven geprägt ist (MARTIN & STEFFGEN 2002:242). Die intrinsischen Motive betonen pädagogische und

erzieherische Motive sowie den Wunsch mit Kindern und Jugendlichen arbeiten zu wollen, aber auch die Verwirklichung eigener fachspezifischer Interessen, Fähigkeiten oder Begabungen sowie idealistische Komponenten. LIPOWSKY (2003:92) nennt hier geschlechtsspezifische Unterschiede: „Insbesondere bei Frauen ist dieses altruistisch, sozial-karitative Motiv ausgeprägt, während bei Männern eher fachliche Interessen im Vordergrund stehen."
Die extrinsischen Motive, wie die Vereinbarkeit von Familie und Beruf, die sozioökonomische Sicherheit oder kurze Studienzeiten, spielen in der Regel eine kleinere Rolle für die Berufswahl (MARTIN & STEFFGEN 2002:242). Dies ist sicherlich auch auf den Effekt der sozialen Erwünschtheit zurückzuführen, denn gerade der Lehrerberuf steht in der Öffentlichkeit unter einem hohen Erwartungsdruck; die offizielle Berufsmoral präferiert intrinsische vermeintlich pädagogische Motive bei der Wahl des Lehrerberufs. Daher ist die Antworttendenz in Richtung soziale Erwünschtheit als relativ hoch anzusehen (TERHART et al. 1994:56).
Die intrinsischen und extrinsischen Motive werden von verschiedenen Autoren in differenziertere Kategorien eingeteilt. Im Folgenden sollen einzelne Studien kurz vorgestellt sowie die durch die Autoren benannten Motivkategorien genannt und auf bestimmte Ergebnisse eingegangen werden. Die Untersuchungen werden aus Gründen der Übersicht in chronologischer Reihenfolge aufgeführt.

STELTMANN (1980) untersuchte mit einem standardisierten Fragebogen 665 Teilnehmer an erziehungswissenschaftlichen Anfängerübungen der Universität Bonn bezüglich ihrer Motive für die Wahl des Lehrerberufes. Er ermittelte sechs Motivkategorien: pädagogische Motivation, Fachinteresse, Kenntnis des Berufes, äußere Gründe wie Numerus Clausus sowie günstige Berufsmöglichkeiten für Frauen.

OESTERREICH (1987:23) erfasste in seiner Studie Berufswahlmotive von 257 Lehramtsstudierenden, von denen 70% weiblich waren. Im Gegensatz zu früheren Studien konnte er nur einen geschlechtsspezifisch signifikanten Unterschied beim Berufswahlmotiv Wissensvermittlung im Fach feststellen, welches von den männlichen Studenten stärker bewertet wurde. Mittels einer Faktorenanalyse kommt er auf fünf Kategorien von Berufswahlmotiven.

Auch TERHART et al. (1994:35) spricht von einem nichtsignifikanten Unterschied zwischen den Geschlechtern. Allerdings benennt er eine Reihe von Rangfolgenunterschieden zwischen den Ergebnissen der weiblichen und männlichen Testteilnehmer. Für seine Studie befragte er bereits im Dienst befindliche Lehrkräfte (N=514) retrospektiv nach ihren Berufswahlmotiven. Er erkannte vier Motivkategorien: positive Identifizierung mit den pädagogisch- sozialen Seiten der Lehrerarbeit; äußere Gratifikationen (incl. Freizügigkeit); professionelle Motivation und Motive aus einer emanzipatorischen Haltung.

DANN & LECHNER (2001) kommen in ihrer Studie, die sie mit Nürnberger Lehramtsstudenten durchgeführt haben, auf sechs Kategorien, die in Tabelle 1 entsprechend ihrer Stärke in der Bewertung aufgeführt sind.

Tabelle 1: Berufswahlmotive - Rangfolge nach Dann & Lechner 2001 (Mittelwerte; 5 = starke Wertung, 1 = schwach) (N = unbekannt)

Motivkategorie	Wert (fünfstufige Ratingskala)
Pädagogische Motive	4,3
Zwischenmenschliche Motive	4,1
Freie Gestaltungsmöglichkeiten	3,8
Familienfreundlicher Beruf	3,3
Freie Zeitgestaltung	3,3
Interesse an Fächern	3,1

MARTIN & STEFFGEN (2002) befragten 402 luxemburgische Grundschullehrer rückblickend zu ihren Berufswahlmotiven. Als Messinstrument diente ihnen der überarbeitete standardisierte Fragebogen von OESTERREICH (1987), der zwanzig Motive beinhaltet, die anhand einer fünfstufigen Ratingskala (von überhaupt nicht wichtig bis sehr wichtig) zu beurteilen sind. Eine Faktorenanalyse ergab fünf Motivdimensionen: angenehmes Berufsleben, gesellschaftliche Anerkennung, gesellschaftliche und politische Aufgabe, positives Berufsbild und angenehme Ausbildung.

ULICH (2004) erkennt in den Ergebnissen seiner Studien (N=785), im Gegensatz zu OESTERREICH (1987) und in Teilen auch zu TERHART et al. (1994), einen Unterschied in den Berufswahlmotiven zwischen Studentinnen und Studenten. Er befragte von 1997 bis 2001 Lehramtsstudierende an sechs verschiedenen Hochschulen, die sich in verschiedenen Lehramtsstudiengängen befanden. Dazu benutzte er ein offenes Frageverfahren, bei dem die Testteilnehmer ausschließlich den auf einem DIN A4 Blatt vorgedruckten Satz „Ich will Lehrer/in werden weil,..." fortführen sollten. Die unterschiedlichen Antworten teilt ULICH (2004) in zehn Kategorien ein, die in der nachfolgenden Tabelle in der linken Spalte abgebildet sind. Auf die konkreten Daten der Lehramtsstudenten für Grund- und Sonderschule wird in der Darstellung verzichtet, da die Studie in Gießen keine Vergleichsdaten für diese Studiengänge liefert (vgl. Kapitel 5.1.1).

Tabelle 2: Prozentuale Verteilung der Anzahl der Nennungen der Motivkategorien nach den Studiengängen (ohne Grund- und Sonderschulen). Quelle: Ulich 2004:21 (eigene Darstellung)

Motivkategorie	Gesamt N=785	Hauptschule/ Realschule N=163	Gymnasium N=182
Kinder bzw. Jugendliche	45	44	38
Tätigkeit	12	13	12
Erfahrung	10	9	15
Folgen	7	4	8
Extrinsische	7	10	6
Familie/Beruf	5	5	2
Fachinteresse	5	4	12
Kompetenz	4	5	3
Berufung	3	4	3
Gesellschaft	1	(1)	2

Er erkannte studiengangspezifische Unterschiede bezüglich der Berufswahlmotive, wie bspw. das Fachinteresse, welches von Lehramtsstudenten für das Gymnasium deutlich stärker bewertet wurde (vgl. Tabelle 2). Diese Tendenz zeigt sich auch bei der hier in Gießen durchgeführten Studie (vgl. Kapitel 5.3.2). ULICHS (2004) qualitativer Ansatz mit offener Fragestellung hat den Vorteil, dass bestimmte Antwortmöglichkeiten nicht im Vorhinein ausgeschlossen werden. Dieses Verfahren wurde für einen Teil des Pretests übernommen (vgl. 4.3).

Die jüngsten Studien zur Berufswahlmotivation von Lehramtsstudenten stammen von EBERLE & POLLAK (2006) sowie von URHAHNE (2006).

EBERLE & POLLAK (2006) führten an der Universität Passau eine Längsschnittstudie durch, die prüfen sollte, inwiefern Unterschiede in der Studien- und Berufswahlmotivation verschiedene Professionalisierungsverläufe erklären. Die von ihnen veröffentlichen Ergebnisse beziehen sich auf 1067 Studierende, die im Zeitraum vom Wintersemester 03/04 bis Wintersemester 05/06 Einführungsveranstaltungen besuchten und sich im ersten bzw. zweiten Semester befanden. Ihr Messinstrument umfasste 32 Items zur Berufswahlmotivation, die anhand einer vierstufigen Ratingskala (0 = unwichtig bis 4 = sehr wichtig) bewertet wurden (EBERLE & POLLAK 2006:22f). Ihr exploratives Analyseverfahren ergab acht Faktoren, die in Tabelle 3 in einem Mittelwertranking dargestellt sind.

Tabelle 3: Mittelwertranking Studien- und Berufswahlmotivation (0=unwichtig, 4= sehr wichtig) (Eberle & Pollak 2006:31) (Eigene Darstellung)

Motivkategorie	Insgesamt N=1059
Adressatenbezogene und pädagogische Motivation	3,06
Berufliche Gestaltungsmöglichkeiten und Herausforderungen	3,03
Schule verbessern und Schüler fördern	2,77
Interesse an und Fähigkeiten in Studien- und Unterrichtsfächern	2,63
Vorbilder und positive Erinnerungen	2,35
Berufliche Rahmenbedingungen	2,19
Keine Alternativen und niedrige Studienanforderungen	0,98
Einfluss anderer	0,80

Auch hier zeigt sich, dass intrinsische Motive stärker bewertet wurden als extrinsische.

Die Arbeit von URHAHNE (2006) soll an dieser Stelle etwas umfassender beschrieben werden, da die von uns in Gießen durchgeführte Studie inhaltlich und methodisch an diese anknüpft. Seine Verbindung von fachspezifischen Interessen mit den Berufswahlmotiven wird bei dieser Untersuchung aufgegriffen.

An URHAHNES (2006) Fragebogenstudie nahmen 151 Lehramtsstudierende der Biologie in den Anfangssemestern teil. Durchgeführt wurde seine Untersuchung an der Ludwig-Maximilians-Universität München. Eine Schwäche der Arbeit ist das geschlechtsspezifische Ungleichgewicht von 121 weiblichen zu 27 männlichen Versuchspersonen. Diese Ungleichheit ist zwar typisch für den Lehramtsstudiengang Biologie und somit nicht auf eine fehlerhafte Stichprobe zurückzuführen, allerdings sind auf dieser Grundlage Aussagen zu geschlechtsbedingte Unterschieden mit „größeren Unsicherheiten behaftet" (URHAHNE 2006:114). Das eingesetzte Messinstrument enthält zum einen Items bzw. Skalen zu intrinsischen und extrinsischen Berufswahlmotiven und zum anderen zu fachspezifischen Interessen. Der die Berufswahlmotive betreffende Teil des Fragebogens wurde von POHLMANN & MÖLLER (2005) (N=427) an der Universität Kiel entwickelt und baut auf der Arbeit von WATT & RICHARDSON (2007) auf. An diese Arbeiten versuchen wir mit der Studie anzuknüpfen und übernehmen deshalb Urhahnes Messinstrument in einer überarbeiteten Variante in den Fragebogen (vgl. Kapitel 4.2). Der Teil des Messinstruments, der auf das biologiespezifische Fachinteresse abzielt, soll hier nicht weiter ausgeführt werden, da er sich stark von dem geographiespezifischen Teil unserer Studie unterscheidet und keine Grundlage für diesen bildet.

In URHAHNEs (2006) Version des Fragebogens wurden die einzelnen Aussagen (Items) mit dem Satz „Ich habe das Lehramtsstudium Biologie gewählt, weil..." eingeleitet und mit einer fünfstufigen Ratingskala (gar nicht, etwas, teils-teils, ziemlich, völlig) bewertet. Eine Faktorenanalyse (Hauptkomponentenmethode, Varimax-Rotation) ergab, dass sich die Items in extrinsische und intrinsische Faktoren aufteilen. Die beiden Motivkategorien ließen sich in einer weiteren Betrachtung in jeweils drei Subskalen aufgliedern, die in Tabelle 4 dargestellt sind.

Tabelle 4: Urhahnes (2006) Subskalen zur extrinsischen und intrinsischen Motivation

intrinsische Subskalen	extrinsische Subskalen
Pädagogische Motivation	Sicherheit
Motiv der Wissensvermittlung	Zeiteinteilung
Studienmotivation	Familie

Auch die Angaben der Studierenden zu ihren fachlichen Interessen wurden einer Faktorenanalyse unterzogen. Als Resultat ergaben sich drei Faktoren: Interesse an organischer Biologie, Interesse an biologischen Erkenntnissen und Interesse an Natur und Tieren (vgl. URHAHNE 2006:114f).

Im weiteren Verlauf seiner Arbeit führt Urhahne eine Produkt-Moment-Korrelation zwischen fachlichen Interessen sowie intrinsischen und extrinsischen Berufswahlmotiven durch, um zu ergründen, in welchem Zusammenhang diese stehen. Die Ergebnisse zeigen, dass intrinsische und extrinsische Motive, aber auch Interessen für sich betrachtet jeweils in mittlerer Höhe untereinander korrelieren. Zusätzlich zeigen sich mittlere Zusammenhänge zwischen den fachlichen Interessen und den intrinsischen Subskalen. Im Gegensatz dazu zeigt sich nur eine geringe Korrelation zwischen den intrinsischen Motiven und Interessen zu den extrinsischen Subskalen. Ein hohes fachspezifisches Interesse sagt also nichts über die Einschätzung von Sicherheits-, Zeit- und familiärer Motiven der Lehramtsstudenten der Biologie und umgekehrt aus (URHAHNE 2006:118). An diesem Aspekt möchten wir mit unserer Studie ansetzen und prüfen, inwiefern sich diese Sachverhalte auch bei den Gießener Lehramtsstudierenden der Geographie zeigen.

Als letzte Studie zu den Berufswahlmotiven stellen wir einen Ausschnitt der Untersuchung von HEINE et al. (2005) vor, die im weiteren Verlauf der Arbeit HIS-Studie genannt wird[1]. Sie unterscheidet sich insofern von den vorgenannten, als sie nicht speziell auf Lehramtsstudenten abzielt, sondern Studienanfänger in unterschiedlichen Studiengängen aus verschiedenen Blickwinkeln analysiert. Die Studienanfänger wurden deutschlandweit in den Wintersemestern 2003/04 (N=8200) und 2004/05 (N=6900) befragt. Ein Teil dieser Studie, die in eine vom Bundesministerium für Bildung und Forschung geförderten Langzeituntersuchung eingebettet ist, ist ein standardisierter Fragebogen bzw. Itemblock zu den Berufswahlmotiven der Studienanfänger (vgl. HEINE et al. 2005: 11). Die zwanzig von vorneherein in extrinsische und intrinsische Kategorien eingeteilten Frageitems konnten anhand einer fünfstufigen Ratingskala (1=sehr wichtig, 5=unwichtig) von den Versuchspersonen bewertet werden.

Diese Itembatterie wird überarbeitet und in unser Messinstrument übernommen, um später die Ergebnisse der Gießener Geographielehramtsstudenten mit denen der Lehramtsstudenten und Nicht-Lehramtsstudenten aus der repräsentativen HIS-Studie zu vergleichen (vgl. Kapitel 5.1.4).

Studien, die die fachspezifischen Interessen von Lehramtsstudierenden der Geographie erfassen, sind mir nicht bekannt. Allerdings gibt es seit den 1990er Jahren eine Reihe von Untersuchungen zu geographiespezifischen Interessen von Schülern und Erdkundelehrern (OBERMAIER 1997, SCHMIDT-WULFFEN & AEPKERS 1996, HEMMER 2000, HEMMER & HEMMER 1996, 2002b, HEMMER ET AL. 2005). Insbesondere die Untersuchung von Hemmer & Hemmer 1996 ist für diese Untersuchung von Bedeutung, da die dort verwendeten Interesseitems für diese Untersuchung verwandt wurden. Die 2657 befragten Schüler präferierten im Mittel die Themen Naturkatastrophen, Weltraum/Planeten/Sonnensystem, Entdeckungsreisen, Entstehung der Erde, Naturvölker sowie fünf Umweltthemen (Waldsterben, Treibhauseffekt, Umwelt und Verkehr, Eingriffe des Menschen in den Naturhaushalt und Umweltprobleme im Heimatraum). Nicht so beliebt waren hingegen bestimmte Themen der Anthropogeographie wie Stadt-/Raumplanung, Bevölkerungswanderung, Verstädterung, Industrie und Wirtschaftliche Zusammenarbeit in Europa (HEMMER & HEMMER 2002a:3). Ihr Fragebogen wurde auf Basis der bayerischen Lehrpläne entwickelt und deckt alle Themenbereiche ab, die im Erdkundeunterricht behandelt werden.

3 Hypothesen/Fragestellungen

Diese Studie soll folgende Fragen und Hypothesen zu den geographiespezifischen Interessen und Berufswahlmotiven der Gießener Geographielehramtsstudenten beantworten und überprüfen.

H1.	Welche fachlichen Interessen bestimmen die Wahl des Lehramtsstudiums Geographie?

---

[1] HIS=Hochschul-Informations-System

H2.	Welche intrinsischen und extrinsischen Motive bestimmen die Wahl des Lehramtsstudiums Geographie?

H3.	In welchem Zusammenhang stehen die fachlichen Interessen mit den intrinsischen und extrinsischen Berufswahlmotiven der Lehramtsstudierenden?

H4.	Es bestehen Unterschiede zwischen weiblichen und männlichen Lehramtsstudierenden der Geographie in ihren Berufswahlmotiven und geographiespezifischen Interessen.

H5.	Es bestehen Unterschiede zwischen Studierenden verschiedener Lehramtsstudiengänge in ihren Berufswahlmotiven und geographiespezifischen Interessen.

H6.	Es bestehen Unterschiede in den Berufswahlmotiven und geographiespezifischen Interessen zwischen Studierenden, von denen mindestens ein Elternteil Lehrer ist, und denen, deren Eltern beide keine Lehrer sind.

H7.	Es bestehen Unterschiede in den Berufswahlmotiven und geographiespezifischen Interessen zwischen Studierenden, die in der Oberstufe Erdkunde als Schulfach hatten und denen die keine Erdkunde in der Oberstufe hatten.

4 Methode

Die quantitative Studie hat einen explorativen Charakter (vgl. Kapitel 5.2.1). Sie wird mittels eines standardisierten Fragebogens durchgeführt und baut auf der Arbeit von URHAHNE (2006) auf. Das Ziel dieser Studie ist die Hypothesen-überprüfung für die Gesamtheit der Geographie-Lehramtsstudenten in Gießen sowie die begründete Hypothesengenerierung für eine möglicherweise hessen- oder bundesweit repräsentative Folgeuntersuchung.

4.1 Stichprobe

An der Fragebogenstudie, die in den Monaten Oktober und November zu Beginn des Wintersemesters 2008/09 in den Veranstaltungen des Instituts für Geographie an Justus-Liebig-Universität Gießen durchgeführt wurde, nahmen 312 Lehramtsstudierende der Geographie teil. Insgesamt waren laut Universitätsverwaltung zum Erhebungszeitpunkt 628 Lehramtsstudierende im Fach Geographie eingeschrieben. Die Verteilung der Studenten auf die Semester zeigt, dass in erster Linie Studenten aus den ersten Semestern befragt wurden (vgl. Abb. 2).

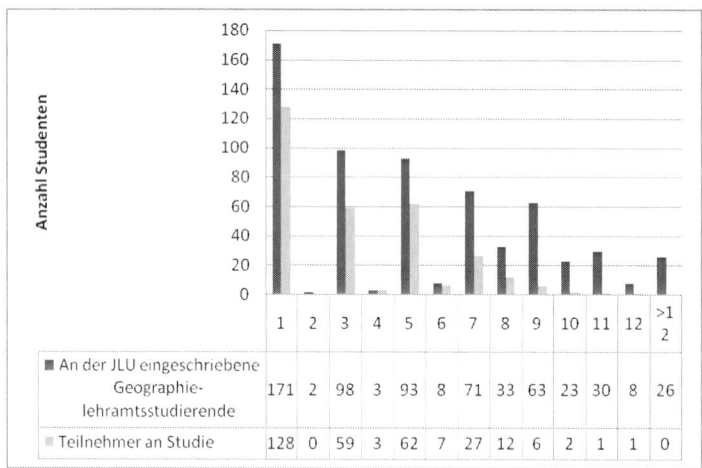

Abbildung 2: Verteilung von immatrikulierten Studierenden und Teilnehmern der Stichprobe nach Semesterzahl

Auch wurden so gut wie keine Studenten erfasst, die sich über dem zehnten Semester befanden. Hier kann man davon ausgehen, dass viele der Studierenden höherer Semester womöglich gar nicht mehr aktiv an den Veranstaltungen teilnehmen. Es lässt sich also sagen, dass die Stichprobe den Großteil der aktiven Geographielehramtsstudenten erfasst.

Von den 312 Teilnehmern der Studie waren 178 weiblich und 126 männlich, während 8 Teilnehmer keine Angabe machten. Im Durchschnitt waren die Probanden 22 Jahre alt. Die Verteilung nach Schulformen gliedert sich wie folgt: Studiengang L3: Gymnasium (N=172); L2: Haupt- und Realschule (N=115); L5: Sonderschule (N=17); L1: Grundschule (N=1). Daher wird bei der Auswertung der Studie das Hauptaugenmerk bezüglich der Unterscheidung nach Studiengängen auf die Studiengänge L3 (Lehramt an Gymnasien) und L2 (Lehramt an Haupt- und Realschulen) gelegt.

4.2 Aufbau des Messinstruments

Als Messinstrument dient ein standardisierter Fragebogen (siehe Anhang I.), der aus mehreren Blöcken (A, B, C, D) zusammengesetzt ist (vgl. Abb. 3). Der Fragebogen besteht aus sechs DIN A4-Seiten und einem motivierenden Anschreiben, auf dem das Thema des Fragebogens, die durchführenden Personen und der Zweck der Untersuchung genannt werden. Die ersten drei Blöcke (A, B, C) wurden aus bereits durchgeführten Studien übernommen, da dies mehrere Vorteile mit sich bringt: Erstens ist so eine Vergleichbarkeit geschaffen, zweitens müssen die Fragebögen nicht erst auf ihre testtheoretische Brauchbarkeit geprüft werden, was bei neuen Itembatterien der Fall wäre, und drittens ergibt sich daraus der Vorteil, dass weniger Zeit für die Pretestverfahren benötigt wird. Diese Zeit wäre unter den gegebenen Rahmenbedingungen nicht vorhanden.

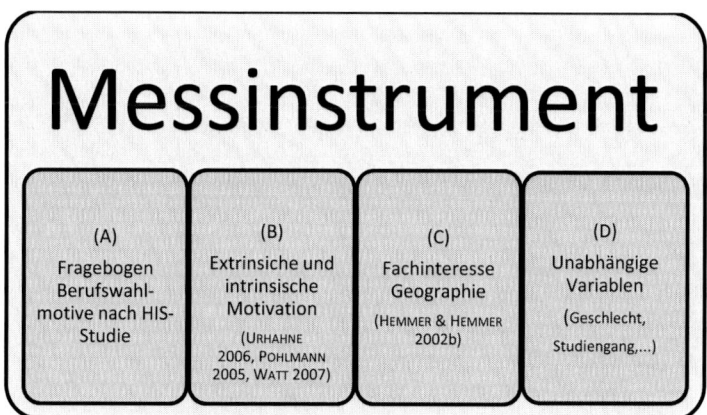

Abbildung 3: Zusammensetzung Messinstrument

Der erste Fragenblock (A) (siehe Anhang I.:2) bezieht sich auf die Motive der Studienfachwahl und ist der HIS-Studie entnommen (HEINE ET AL. 2005:228). Die zwanzig Items werden mit folgenden Sätzen eingeleitet: „Wie wichtig sind die folgenden Gründe für die Wahl ihres Studiums? Kreuzen sie bitte den zutreffenden Skalenwert an. Ich habe mein Studium gewählt …". Die Items führen den letzen Satz fort und können anschließend anhand einer fünfstufigen Ratingskala (von 1=sehr wichtig bis 5=unwichtig) bewertet werden. Unterhalb der zwanzig Items wird abschließend nach dem wichtigsten Grund gefragt.

Der Fragenblock wurde an drei Stellen verändert und angepasst. Zunächst wurde eine Kopfzeile hinzugefügt mit dem Titel: Motivation und Interesse für das Lehramtsstudium Geographie. Des Weiteren wurden die Buchstaben, die die jeweiligen Items anführen, durch eine Ziffernummerierung ersetzt. Das Item „N aufgrund eines bestimmten Berufswunsches" wurde ersetzt durch „13 weil ich den Lehrerberuf mag". Das alte Item N machte im neuen Kontext keinen Sinn, da unsere Studie nur Lehramtsstudenten bzw. das Lehramtsstudium behandelt. Eine zusätzliche Veränderung wurde aufgrund des Pretest-Ergebnisses vorgenommen. Das Pretestverfahren ergab eine zusätzliche Berufswahlmotivation [„weil mir Studenten dieses Studiengangs dieses empfohlen haben" (vgl. Kapitel 4.3)], die als Item 21 der Itembatterie hinzugefügt wurde. Die Auswertung des Fragebogens zu den Berufswahlmotiven aus der HIS-Studie wird durch die Veränderungen nicht weitergehend beeinflusst, da die HIS-Studie nur Mittelwert- und Häufigkeitsvergleiche zulässt und die Items schon im Vorhinein in Kategorien unterteilt (HEINE et al. 2005:131ff).

Der erste Fragenblock (A), der der HIS-Studie entstammt, wurde in den Fragebogen aufgenommen, um einerseits als Vergleichsinstrument zu Nicht-Lehramtsstudenten und andererseits als Eichinstrument zu dienen, weil sich die HIS-Studie auf Lehramtsstudenten aus ganz Deutschland bezieht, repräsentativ ist und Unterschiede in den Ergebnissen mögliche geographielehramtsspezifische Tatbestände aufzeigen.

Der zweite Fragenblock (B), der sich auf Seite 3 des Fragebogens befindet, stammt aus der Studie von URHAHNE (2006) und basiert auf den an der Universität Kiel von POHLMANN & MÖLLER (2005) in Anlehnung an WATT & RICHARDSON (2007) entwickelten Fragebögen. URHAHNEs (2006) Fragebogen enthält zwei Teile (vgl. Kapitel 2.2) und liefert die Grundlage für unsere Studie. Es wurde der Part seines Messinstruments übernommen, der sich auf die extrinsischen und intrinsischen Berufswahlmotive für das Lehramt bezieht. Es wurden keine Veränderungen vorgenommen, so dass für die Ergebnisse der Faktorenanalysen eine Vergleichbarkeit mit URHAHNE (2006) möglich ist. Einzig ein zusätzliches Item wurde aufgrund des Pretestverfahrens (vgl. Kapitel 4.3) hinzugefügt. Dieses findet bei der deskriptiven Auswertung Beachtung, wird jedoch innerhalb der explorativen Faktorenanalyse nicht berücksichtigt.

URHAHNEs (2006) Fragebogen zu den biologiespezifischen Interessen ersetzen wir durch ein Messinstrument (C), welches Interessen innerhalb der Geographie erfasst. Hier erwies sich der Fragebogen von HEMMER & HEMMER (2002b:11) als prädestiniert. In ihren Studien erforschten sie die Fachinteressen von Schülern und Erdkundelehrern in der Geographie (HEMMER & HEMMER 2002a). Der 50 Themenitems umfassende Fragebogen zielt ursprünglich auf die geographiespezifischen Interessen von Schülern. Zu bewerten ist das Interesse an bestimmten Themen mit Hilfe einer fünfstufigen Ratingskala (interessiert mich sehr, interessiert mich, teils, teils, interessiert mich wenig, interessiert mich nicht), neben der zusätzlich die Möglichkeit gegeben war „Begriff unklar" anzugeben.

Nach einem Abgleich mit den hessischen Lehrplänen für Realschulen und geographischer Fachliteratur zeigt sich, dass die abgefragten Themenitems auf hessische Lehramtsstudenten übertragbar sind.

Der Fragebogen wurde noch einmal überarbeitet und im Layout verändert (vgl. Anhang I:4f). Im Folgenden werden die inhaltlichen Änderungen und ihr Grund angegeben.

- Item 20 „Rassen und Völker" wurde in „Ethnien und Völker" geändert. – Grund: Rasse ist ein belasteter Ordnungsbegriff.
- Item 23 „Umweltprobleme am Schulort" wurde zu „Umweltprobleme in der Region". – Grund: Schulort trifft nicht zu
- Item 27 „Gesellschaftssysteme und Religionen" wurde in zwei Items umgewandelt: Item (neu) 27 „Gesellschaftssysteme"; Item (neu) 28 „Religionen". – Grund: In einer säkularen Gesellschaft bilden beide Begriffe verschiedene Bereiche ab.
- Item 36 „Bevölkerungswanderung (z. B. der Gastarbeiter von Italien nach Deutschland)" wurde zu „Bevölkerungswanderung". – Grund: veraltetes Beispiel
- Item 37 „Energie (Gewinnung und Versorgung, z. B. Erdöl)" wurde zu „Energie (Gewinnung und Versorgung)". – Grund: Der Begriff Erdöl führt in bestimmtes Konstrukt von Energie.

- Item 41 „Leben der Kinder und Jugendlichen in fremden Ländern" wurde nicht übernommen. – Grund: Item 39 (neu 40) ist sehr ähnlich und Studenten können sich im Gegensatz zu Schülern (Kindern) nicht besser mit Kindern identifizieren.
- Neu erstelltes Item 51: „Kartenerstellung und Kartennutzung" – Grund: Orientierungskompetenz ist das Alleinstellungsmerkmal des Faches Geographie.

Den letzen Teil (D) (siehe Anhang I.:5ff) des Messinstruments bildet eine Reihe von unabhängigen Variablen, mit denen die Versuchspersonen zu sich selbst (Alter, Geschlecht), zu schul- und hochschulbiographischen Parametern (Schulform, Semester, Fächer, Erdkunde in Oberstufe, Praktika, vorheriges Studium) sowie zu ihren Eltern (höchster Berufsabschluss, beim Staat angestellt, Lehrer) befragt werden.

Anhand der unabhängigen Variablen lassen sich bei der Auswertung der Daten Aussagen über gruppenspezifische Unterschiede treffen (z.b. Vergleich nach Geschlecht) (vgl. Kapitel 5). Des Weiteren helfen sie dabei, die Versuchspersonen hinsichtlich ihrer Zusammensetzung zu analysieren.

4.3 Pretestverfahren

Vor der Durchführung der Hauptuntersuchung wurde ein dreigliedriger Pretest durchgeführt. Es sei zuvor betont, dass die ersten drei Itembatterien des Messinstruments keinen Pretest benötigen, da sie bereits auf ihre testtheoretische Brauchbarkeit überprüft sind (vgl. Kapitel 4.2). Auch die unabhängigen Variablen müssen nicht auf ihre Güte geprüft werden, da sie reine Fakten und keine Konstrukte abfragen.

Dennoch wurde eine Vorabversion des Fragebogens von 24 Lehramtsstudierenden der Geographie ausgefüllt. Dies geschah unter den gleichen Bedingungen wie in der Hauptstudie. Wie erwartet traten keine Schwierigkeiten beim Ausfüllen der Itembatterien auf, jedoch wurde deutlich, dass das Layout des Messinstruments verbessert werden musste. Dies betraf in erster Linie die unabhängigen Variablen, die außerdem teilweise in ihren Formulierungen überarbeitet wurden.

Zusätzlich wurden die Studierenden mit der offenen Frage konfrontiert: Warum hast du dich für das Lehramtsstudium Geographie entschieden? Sie schrieben ihre Motivation auf jeweils ein DIN A4-Blatt; die Antworten waren vielfach sehr ausführlich. Die Texte wurden anschließend mit dem Fragebogen abgeglichen. Hierbei zeigte sich, dass die genannten Berufswahlmotive zu großen Teilen bereits im Messinstrument vorhanden waren. Es fanden sich jedoch auch zwei Punkte, die anschließend in den Fragebogen aufgenommen wurden (vgl. Kapitel 4.2).

Über die beiden vorgenannten Pretests hinaus wurde das Messinstrument im Rahmen eines Expertenratings von Hochschullehrern aus der Geographiedidaktik der Justus-Liebig-Universität Gießen überprüft und für brauchbar befunden.

4.4 Überprüfung der testtheoretischen Brauchbarkeit

4.4.1 Objektivität

Unter der Objektivität eines Tests versteht man die Unabhängigkeit der Testergebnisse vom Untersucher bzw. Auswerter. Generell werden drei Arten der Objektivität unterschieden: Durchführungs-, Auswertungs- und Interpretationsobjektivität (vgl. ROST 2005:129).

- **Durchführungsobjektivität**
  Die Durchführung eines Tests darf bei seiner Wiederholung möglichst nicht variieren bzw. das Testergebnis sollte nicht durch zufällige oder systematische Variation des Untersuchers bei der Testdurchführung beeinflusst werden (LIENERT &RAATZ 1994:8).
  Um diesem Kriterium gerecht zu werden wurde die Messsituation weitestgehend standardisiert. Zum einen bildet der standardisierte Fragebogen die Grundlage für die Studie (siehe Kapitel 4.2), und zum anderen war die Situation, in der die Studenten den Fragebogen ausfüllten, normiert. Der Fragebogen wurde im Oktober und November 2008 in didaktischen und fachwissenschaftlichen Vorlesungen und Seminaren des Instituts für Geographie nach einer kurzen standardisierten Einleitung ausgeteilt. Die Studenten hatten genügend Zeit, die Fragen zu beantworten. Außerdem wurde der Fragebogen nicht zum Ende der Veranstaltungen ausgeteilt, da sonst die Gefahr bestanden hätte, dass die Testanwender den Test nicht gewissenvoll ausfüllen, da sie dadurch hätten früher gehen können.

- **Auswertungsobjektivität**
  Die Auswertungsobjektivität ist dann erreicht, wenn jeder Auswertende die gleichen Werte ermittelt. Diese ist für diese Studie dadurch gegeben, dass das Messinstrument nur aus geschlossenen Fragen besteht und diesen numerische Werte zugeteilt sind (ROST 2005:129). Frage 5 (Für welche Fächer studieren Sie Lehramt?) auf Seite 6 des Fragebogens mag auf den ersten Blick offen erscheinen, jedoch sind hier – wie auch bei den restlichen Antwortmöglichkeiten der Items – feste numerische Werte zugewiesen, die in einer Eingabeschablone der Statistiksoftware SPSS festgehalten sind.

- **Interpretationsobjektivität**
  Die Interpretationsobjektivität besagt, dass jeder Auswertende die Testergebnisse möglichst gleich beurteilt.
  Da den Fragen und Antwortmöglichkeiten im Vorhinein schon feste Nummernwerte zugeteilt wurden, erübrigt sich die Frage nach einer objektiven Interpretation, da es sich um einen rein rechnerischen Vorgang handelt, der nicht beeinflussbar und somit objektiv ist (LIENERT & RAATZ 1994:8).

4.4.2 Reliabilität und Homogenität

Unter Reliabilität versteht man den Grad der Genauigkeit, mit der ein Messinstrument ein bestimmtes Merkmal misst (LIENERT & RAATZ 1994:9). Ein Test ist dann reliabel, wenn Messergebnisse bei wiederholter Messung unter den gleichen Konditionen wiederholbar sind. Der Reliabilitätsgrad zeigt die Zuverlässigkeit der Reproduzierbarkeit von Testergebnissen auf. Es gibt verschiedene Methoden, um die Reliabilität eines Messinstruments zu berechnen (s. ROST 2005:130; LIENERT & RAATZ 1994:9f). Für diese Studie wurde die Methode der internen Konsistenz gewählt, bei der die Stichprobe auf ihren inneren Zusammenhang getestet wird (ROST 2005:131). Die dabei gebräuchlichste Methode zur Schätzung der Reliabilität ist die Berechnung des Cronbachs-Alpha-Koeffizienten. Der Cronbachs-Alpha-Koeffizient beruht auf einer Korrelation aller Items untereinander und kann von 0 (gar nicht reliabel) bis 1 (vollkommen reliabel) liegen (JANSEN & LAATZ 2007:599f). Die in Tabelle 5 angegebenen Cronbachs-Alpha-Werte wurden innerhalb der Subskalen berechnet, welche sich aus den Faktorenanalysen ergaben (s. Kapitel 5.2). Die Cronbachs-Alpha-Werte liegen zwischen 0,657 und 0,864 und sind als ausreichend (ab 0,6) bis gut (>0,8) einzustufen (NEUHAUS & BRAUN 2007:152).

Tabelle 5: Subskalen Reliabilität

	Subskala	Cronbachs α	Homogenität
Extrinsische Subskalen	Sicherheit	0,861	0,613
	Zeiteinteilung und Familie	0,827	0,409
	Wenig Aufwand im Studium	0,657	0,327
Intrinsische Subskalen	Pädagogische Motivation	0,818	0,430
	Motivation Wissensvermittlung	0,759	0,356
	Selbsteinschätzung zur Befähigung zum Lehrerberuf	0,702	0,440
Interessensubskalen	Umwelt	0,864	0,475
	Wirtschaft und Politik	0,833	0,413
	Topographie	0,898	0,685
	Menschen, Völker, Religion	0,848	0,391
	Stadt	0,762	0,445
	Physische Geographie I: Klima	0,805	0,404
	Landwirtschaft	0,796	0,566
	Physische Geographie II: Planet Erde	0,718	0,466
	Physische Geographie III: Oberflächenformung	0,732	0,409

"Alle Items eines eindimensionalen Instruments stellen Operationalisierungen desselben Konstrukts dar. Entsprechend ist zu fordern, dass die Items untereinander korrelieren. Die Höhe [des Mittelwertes] dieser wechselseitigen Korrelationen nennt man Homogenität" (BORTZ & DÖRING 2006:220). Werte zwischen 0,2 und 0,4 werden als Akzeptanzbereich vorgeschlagen, allerdings sind bei eindimensionalen Skalen hohe Homogenitätswerte erstrebenswert (BORTZ & DÖRING 2006:220).
Die durch Faktorenanalyse ermittelten Subskalen wurden auf Eindimensionalität geprüft und ihr Homogenitätswert wurde ermittelt. Die Werte, die alle zwischen 0,327 und 0,685 liegen und damit eine ausreichende Homogenität zeigen, sind gemeinsam mit den Cronbachs-Alpha-Koeffizienten nach Subskalen in Tabelle 5 aufgelistet.

4.4.3 Validität

Ein Messinstrument ist valide oder gültig, wenn es auch wirklich das misst, was es messen soll (ROST 2005:133). Die Validität ist das wichtigste Gütekriterium eines Messinstruments (BORTZ & DÖRING 2006:200) und wird in der neueren Literatur allgemein nach *Inhaltsvalidität*, *Kriteriumsvalidität* und *Konstruktvalidität* unterschieden (BORTZ & DÖRING 2006:200ff; ROST 2005:133ff).
Die *Inhaltsvalidität* ist weniger numerischer als inhaltlich-logischer Natur und stellt die Frage, ob die Items inhaltlich zu den zu messenden Konstrukten passen und diese in ihren wichtigsten Aspekten abdecken (BORTZ & DÖRING 2006:200; LIENERT & RAATZ 1994:10f). Die Inhaltsvalidität wurde für diese Studie im Rahmen eines Expertenratings von Hochschullehrern der Geographiedidaktik geprüft und für gültig befunden.
Ein weiterer Ansatzpunkt ist die *Konstruktvalidität,* welche direkt darauf abzielt die dem Test zugrunde liegenden theoretischen Konstrukte dahingehend zu analysieren, inwiefern sich die Ergebnisse mit den Ausgangstheorien erklären lassen (LIENERT & RAATZ 1994:11). Am einfachsten lässt sich die Konstruktvalidität des Messinstruments am Itemblock, der an die Studie von Urhahne anschließt, zeigen. Die entsprechende Itemzusammenstellung baut auf den Theorien der extrinsischen und intrinsischen Motivation auf, welche sich sehr deutlich in den durch Faktorenanalyse berechneten Skalen und Subskalen zeigen (s. Kapitel 5.2.3).

4.4.4 Zusammenfassung

Vor dem Hintergrund, dass das Messinstrument großenteils aus Abschnitten bereits auf ihre Gütekriterien geprüfter Studien besteht, kann nun nach der erneuten und erweiterten Analyse der Objektivität, Reliabilität und Validität davon ausgegangen werden, dass der Test hinreichend auf sein Güte geprüft wurde und sich diese bestätigte. Es konnte gezeigt werden, dass der Fragebogen ein solides Messinstrument ist und den Hauptkriterien ausreichend gerecht wird.

5 Ergebnisse der empirischen Untersuchung

4.5 Durchführung der Hauptstudie

Die Durchführung der Hauptstudie erfolgte zu Beginn des Wintersemesters 2008/09 in den Räumen des Instituts für Geographie an der Justus-Liebig-Universität Gießen. Die Studierenden wurden in verschiedenen Vorlesungen und Seminaren des Instituts für Geographie gebeten den Fragebogen auszufüllen. Für die Bearbeitung wurden zehn bis zwanzig Minuten gebraucht.

5 Ergebnisse der empirischen Untersuchung

Die Darstellung der Ergebnisse der Untersuchung gestaltet sich folgendermaßen: Zunächst werden in Kapitel 5.1 die Daten deskriptiv ausgewertet. Es wird erstens (Kapitel 5.1.1) die Struktur der Stichprobe beschrieben, zweitens (5.1.2) werden Rankings bezüglich der Popularität der Items aufgezeigt, drittens (5.1.3) ein Vergleich der Interessen der Geographie-Lehramtsstudierenden und den Schülerinteressen durchgeführt und viertens (5.1.4) ein Vergleich der Ergebnisse mir denen der HIS-Studie gezogen. Kapitel 5.2 umfasst die explorative Datenanalyse und dient damit einerseits der Erkennung von Strukturen und andererseits der Hypothesengenerierung für eine Folgeuntersuchung. In Kapitel 5.3 werden die unabhängigen Variablen auf gruppenspezifische Eigenheiten und Unterschiede geprüft.

5.1 Deskriptive Datenanalyse

5.1.1 Struktur der Stichprobe

• **Altersstruktur**

Im Durchschnitt waren die Versuchsteilnehmer 22,16 Jahre alt, das Durchschnittsalter der weiblichen Personen beträgt 21,72 Jahre, das der männlichen 22,77. Die Altersspanne verlief von 18 bis 42 Jahren; von den 312 Probanden machten 11 keine Angabe (s. Abbildung 4).

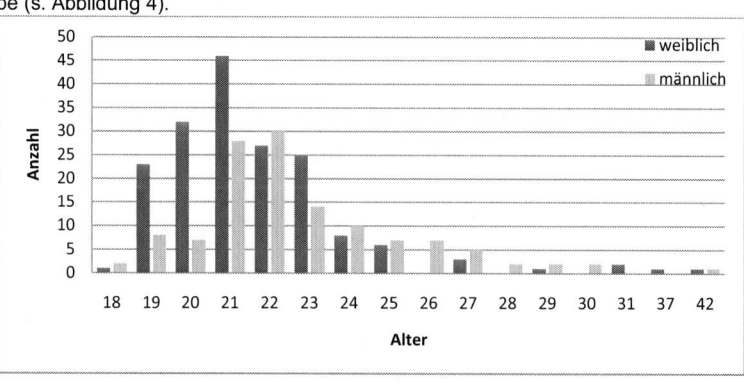

Abbildung 4: Altersstruktur nach Geschlecht

5 Ergebnisse der empirischen Untersuchung

● **Geschlechtsverteilung**
Es handelt sich um 126 Männer (40,38%) und 178 Frauen (57,05%). Acht Personen (2,56%) machten keine Angabe zum Geschlecht. Dieses relativ ausgeglichene Verhältnis (vgl. URHAHNE 2006) liefert eine Grundlage für weitere Analysen, die die Stichprobe auf Geschlechterdifferenzen prüfen (siehe Kapitel 5.3.1).

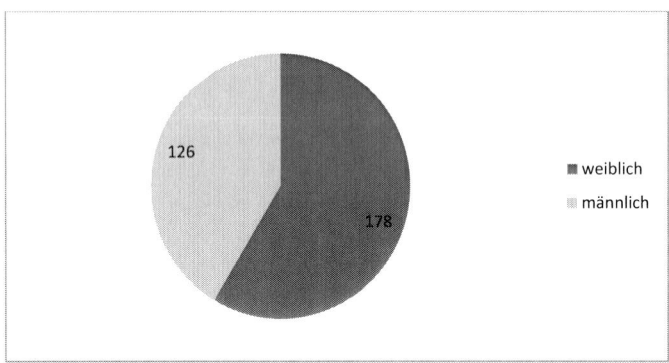

Abbildung 5: Geschlechtsverteilung (N=304)

● **Verteilung nach Schulformen**
Die Verteilung der Probanden nach der Schulform, für die sie das Lehramt studieren, zeigte sich wie folgt: Ein Teilnehmer (0,32%) gab an, den Lehramtsstudiengang für Grundschulen zu studieren, 115 (36,86%) den für Haupt- und Realschulen, 172 (55,13%) den für das Gymnasium und 17 (5,45%) den für Sonder- bzw. Förderschulen. Sieben Personen (2,24%) machten an dieser Stelle keine Angabe. Vergleicht man diese Angaben mit den entsprechenden Gesamtzahlen der Geographie-Lehramtsstudierenden an der JLU, dann zeigt sich, dass die Stichprobe ähnlich der Gesamtzahlen verteilt ist (s. Abbildung 6).

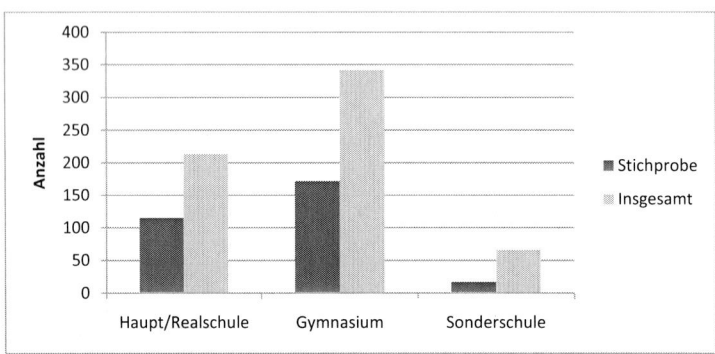

Abbildung 6: Vergleich der Studierenden nach Lehramtsstudiengang (Es wurde auf das Lehramt an Grundschulen [N=1] verzichtet.)

5 Ergebnisse der empirischen Untersuchung

Dass in der Untersuchung nur ein Lehramtsstudierender für Grundschulen erfasst ist, kann darauf zurückgeführt werden, dass es für das Grundschullehramt keine explizite Fachrichtung Geographie gibt, sondern nur ein Wahlfach innerhalb der Sachkunde. In weiterführenden Analysen zu studiengangspezifischen Unterschieden werden wir neben dem Grundschullehramt auch auf das Lehramt an Sonderschulen verzichten, da die Anzahl Studierender des letztgenannten Studienganges, die in der Stichprobe erfasst werden, zu gering ist, um ernst zu nehmende Schlüsse zu ziehen. Im Gegensatz dazu bilden die Daten der Lehramtsstudiengänge für das Gymnasium und für Haupt- und Realschule eine gute Grundlage für Vergleiche zwischen beiden Gruppen.

- **Verteilung nach Semesterzahl**

Die an der Untersuchung teilnehmenden Studenten waren folgendermaßen auf die Semester verteilt (s. Abbildung 7): Im ersten Semester befanden sich 128 Studierende (41,03%), im zweiten keiner, im dritten 59 (18,91%), im vierten 3 (0,96%), im fünften 62 (19,87%), im sechsten 7 (2,24%), im achten 12 (3,85%), im neunten 6 (1,92%), im zehnten 2 (0,64%) und im elften sowie zwölften Semester jeweils eine (0,32%) Versuchsperson. Zwei Personen machten fehlerhafte bzw. keine Angabe (0,64%). Diese Verteilung spiegelt in etwa die Verhältnisse der Gesamtpopulation (vgl. Kapitel 4.1).
Die geringen Studierendenzahlen in den geraden Semestern sind darauf zurück zu führen, dass seit der Einführung der modularisierten Studiengänge (WS 2005/06) nur noch in den Wintersemestern Studienanfänger aufgenommen werden. Die dennoch vorhandenen Studenten in diesen Semestern sind Fachwechsler und sonstige Einzelfälle.

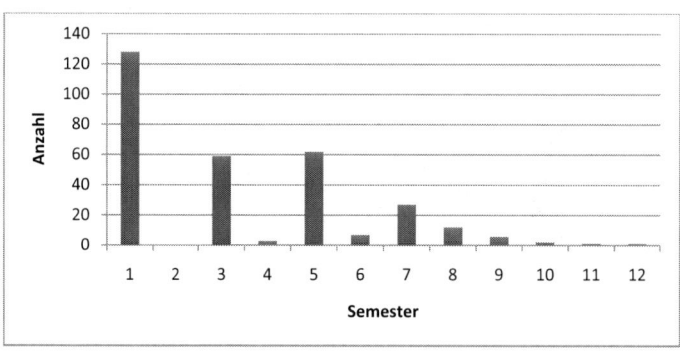

Abbildung 7: Verteilung der Stichprobe nach Semesterzahl

Des Weiteren ist festzustellen, dass die Stichprobe in erster Linie aktive Studenten aus den Anfangssemestern umfasst. Neben den 41,56% Studienanfängern befinden sich 60,71% der Testpersonen in den ersten drei und 80,82% in den ersten fünf Semestern.

- **Verteilung nach Fächerkombination**

Die Probanden wurden nach den Fächern, die sie für das Lehramt studieren gefragt. Nur in 45 Fällen wurden drei Fächer genannt. Folglich sind Dreifächerkombinationen eher selten (14,4% der Versuchsteilnehmer). Im Normalfall studierten die Versuchspersonen eine Kombination aus Geographie und einem zweiten Fach (252 Fälle). Die Studierenden, die nur ein Fach (Geographie) angaben, sind für das Lehramt für Sonder- bzw. Förderschulen immatrikuliert und studieren in der Regel nur ein Schulfach neben den förderschulspezifischen Fächern. Zwei Testbögen sind ohne Angabe.

Es zeigte sich, dass bestimmte Fächer deutlich häufiger mit Geographie kombiniert wurden als andere. Dies waren, abgesehen von den schulischen Hauptfächern Mathematik (14,8%), Deutsch (14,2%) und Englisch (13,2%), die Fächer Sport (14,5%), Biologie (13,9%), Politik (10%) und Geschichte (8,4%). Neben den Vorgenannten stehen noch Chemie mit 5,5% und Arbeitslehre mit 3,9% häufiger in Kombination mit Geographie. Die restlichen Fächer kamen nur selten vor (vgl. Abb. 8).

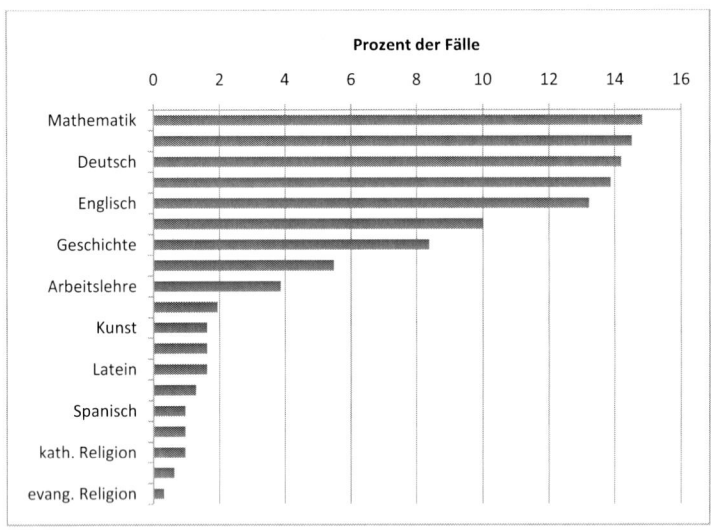

Abbildung 8: Verteilung nach Fächerkombination (Geographie + x)

- **Wie viele Studierende hatten Erdkunde in der Oberstufe und wenn ja, hatten sie Erdkunde als Grund- oder Leistungskurs?**

Gut die Hälfte der befragten Personen hatten Erdkunde in der Oberstufe (159 Nennungen), während die knappe andere Hälfte (151 Nennungen) angab in der Oberstufe Erdkunde nicht mehr gehabt zu haben. Zwei Probanden machten keine bzw. eine fehlerhafte Angabe.

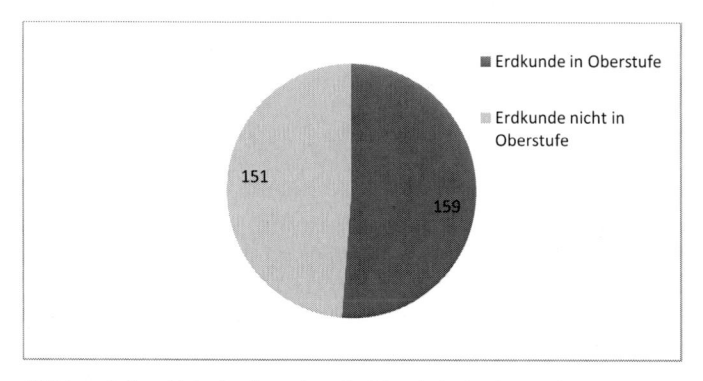

Abbildung 9: Anzahl der Studierenden, die Erkunde in der Oberstufe hatten oder nicht

Von den Studierenden, die Erkunde in der Oberstufe hatten, besuchten 61 (38,36%) den Leistungs- und 98 (61,64%) den Grundkurs.

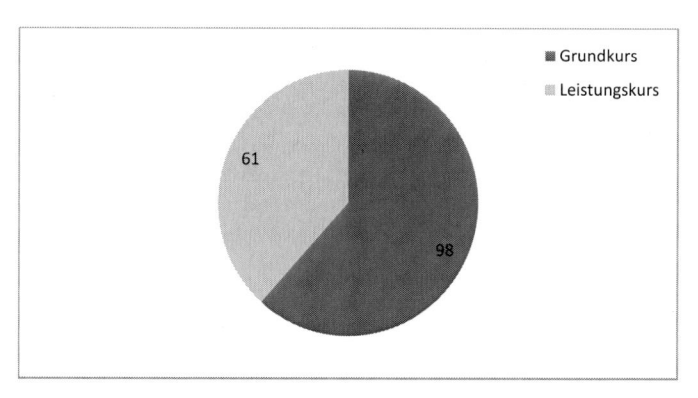

Abbildung 10: Anzahl der Studierenden, die Erkunde als Grund- oder Leistungskurs in der Oberstufe hatten

Es zeigt sich, dass die Aufteilung der Geographiestudenten bezüglich der unabhängigen Variablen „Erdkunde in Oberstufe" und „Grund- oder Leistungskurs in der Oberstufe" für einen späteren Mittelwertvergleich (siehe Kapitel 5.3.4) geeignet ist, da in jeder Kategorie eine ausreichende Anzahl von Studierenden vorhanden ist.

- **Häufigkeitsverteilung nach Praktika**

Je nach Lehramtsstudiengang sind unterschiedliche Praktika in der Studienordnung vorgesehen. Als erstes steht das Orientierungspraktikum, welches in der Regel vor Studienbeginn absolviert wird. Daran schließt sich der erste Teil der Schulpraktischen Studien an, der für die verschiedenen Lehrämter unterschiedlich gestaltet ist:
- Lehramt an Grundschulen (L1) → Schulpraktische Studien in der Grundschule,

- Lehramt an Haupt- und Realschulen (L2) sowie für das Lehramt an Gymnasien (L3) → Allgemeines Schulpraktikum,
- Lehramt an Sonder- bzw. Förderschulen (L5) → Förderpädagogisches Blockpraktikum.

Das Amt für Lehrerbildung sieht diesen ersten Teil der Schulpraktischen Studien, welcher nicht (unterrichts-)fachspezifisch ist, für das zweite (L1 und L2) bzw. das dritte Semester (L3 und L5) vor. Durch die Umstellung auf die neue Studienordnung, die seit dem WS 2005/06 für Studienanfänger gilt, sind diese Zeitvorgaben nicht für alle Studenten zutreffend, da einige Versuchsteilnehmer noch der alten Studienordnung unterliegen und auch in den Semestern nach der Umsetzung noch keine festen Zeitvorgaben bestanden. Jedoch bleibt festzuhalten, dass der erste Teil der Schulpraktischen Studien im Normalfall in den ersten drei bis vier Semestern absolviert wird.

Der zweite Teil der Schulpraktischen Studien umfasst ein Fachpraktikum in einem Unterrichtsfach. Dies kann für die Stichprobe entweder im Fach Geographie oder in einem anderen Fach der studierten Fächerkombination durchgeführt werden. Da es bei der Umstellung auf die neue Studienordnung zu Unklarheiten kam, haben manche Studenten auch zwei Fachpraktika absolviert, von denen eines im Nachhinein als Allgemeines Schulpraktikum (am Bsp. L2/L3) gewertet wurde.

Das zusätzlich zu absolvierende Betriebspraktikum wurde in dieser Studie nicht erfasst.

Das Orientierungspraktikum durchliefen 220 der Befragten, den ersten Teil der Schulpraktischen Studien (bspw. Allgemeines Schulpraktikum für L2/L3) immerhin noch 131, während nur 34 Personen das Fachpraktikum in Geographie und 57 das Fachpraktikum in einem anderen Fach absolvierten (vgl. Tab. 6). Diese niedrigen Werte für die Fachpraktika lassen sich dadurch erklären, dass sich ein Großteil der befragten Studierenden in den ersten Semestern befand.

Tabelle 6: Durchgeführte Praktika

Art des Praktikums	Bereits absolviert	Bereits absolviert (in Prozent)
Orientierungspraktikum (in der Regel vor Studienbeginn)	220 (N=310)	71%
Allgemeines Schulpraktikum (für L2/L3) Schulpraktische Studien in der Grundschule (für L1) Förderpädagogisches Praktikum (für L5)	131 (N=311)	42,1%
Fachpraktikum in Geographie	34 (N=311)	10,9%
Fachpraktikum in einem anderen Fach	57 (N=311)	18,3%

- **Höchster beruflicher Abschluss der Eltern**

Um heraus zu finden, ob der soziale Hintergrund der Eltern einen wichtigen Faktor für die Berufswahl darstellt, wurden die Studierenden nach dem höchsten beruflichen Abschluss ihrer Elternteile befragt. Das Ergebnis zeigt eine Ungleichverteilung zwischen Müttern (N=302) und Vätern (N=303) (s. Abb. 11). Während die Väter bei den höheren

Abschlüssen, dem Hochschul- bzw. Universitätsabschluss (Mutter N=73; Vater N=99), dem Abschluss an einer Fachhochschule (o.ä.) (Mutter N=37; Vater N=45) sowie dem Meistergrad und Technikerabschluss (Mutter N=12; Vater N=55) stärker vertreten sind, haben die Mütter deutlich häufiger eine Lehre oder gleichwertige Ausbildung abgeschlossen (Mutter N=171; Vater N=99). Nur neun Mütter und fünf Väter hatten keinen beruflichen Abschluss. Keine bzw. fehlerhafte Angaben zum höchsten Abschluss machten bezüglich der Mütter zehn und der Väter neun Studierende.

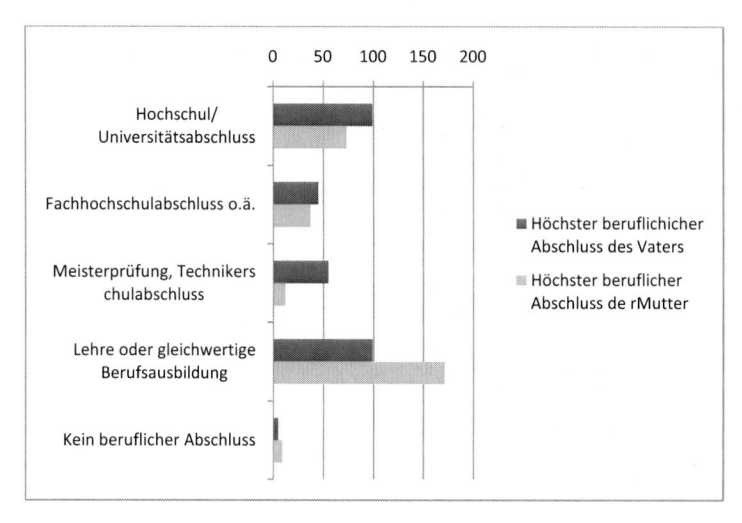

Abbildung 11: Verteilung – Höchster beruflicher Abschluss der Eltern

- **Sind/waren die Eltern beim Staat angestellt?**

Um zu erkennen, ob ein Zusammenhang zwischen der Berufswahl des Lehramtes und dem Berufsverhältnis der Eltern besteht, wurden die Studierenden danach gefragt, ob ihre Eltern beim Staat angestellt sind und – falls ja –, ob sie Beamte oder Angestellte sind. Von den 312 befragten Personen gaben 146 (46,8%) an, dass mindestens ein Elternteil beim Staat angestellt ist oder war. Bei 159 (51%) war dies nicht der Fall und sieben Versuchspersonen (2,2%) machten hierzu keine bzw. fehlerhaft Angaben. Die Verteilung der beim Staat angestellten Eltern gliedert sich wie folgt: 51 der Mütter sind oder waren verbeamtet und 66 staatliche Angestellte. Von den Vätern waren 69 verbeamtet, 45 waren Angestellte. Vergleicht man den Anteil der Studenten mit mindestens einem Elternteil im öffentlichen Dienst (46,8%) mit dem Anteil der im öffentlichen Dienst beschäftigten an den Erwerbstätigen insgesamt in Deutschland (≈ 11,6% STATISTISCHES BUNDESAMT 2006), zeigt sich dass die Gruppe der Studierenden die durch ihre Eltern einen Bezug zum öffentlichen Dienst haben, im Lehramtsstudiengang Geographie überrepräsentiert.

- **Sind oder waren die Eltern Lehrer?**
Weiterhin wurde erfasst, wie viele Lehrer unter den Eltern der Studierenden sind bzw. waren. Die Auswertung der Daten zeigt, dass 75 (12,27%) der insgesamt möglichen 611 Elternteile (13 fehlende oder fehlerhafte Angaben) als Lehrer arbeiteten. Wenn man beachtet, dass 12 Studenten ein Lehrerpaar als Eltern hatten, dann ergibt sich eine Anzahl von 63 Studierenden, die mindestens einen Lehrer als Elternteil hatten. Also standen gut ein Fünftel (20,62%) der Lehramtsstudenten in einer Art familiärer Berufstradition (s. Abb. 12).

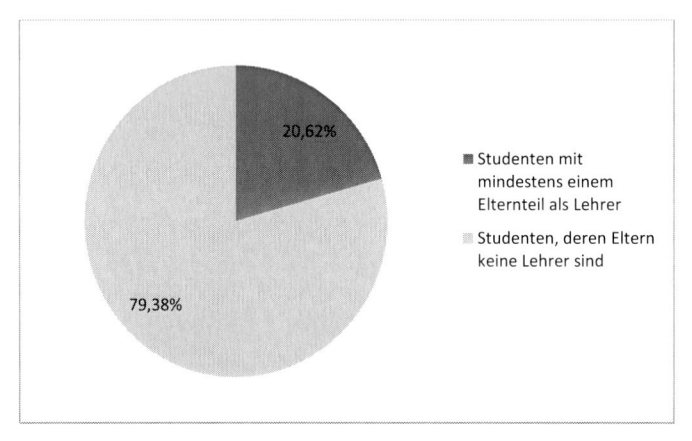

Abbildung 12: Anteil der Studierenden mit mind. einem Elternteil als Lehrer (in %) (N=306)

Vergleicht man diesen Anteil (20,62%) mit dem Anteil der Lehrer an den Erwerbstätigen in Deutschland insgesamt (1,98%) zeigt sich ein enormer Unterschied (vgl. KLEMM 2009:13, STATISTISCHES BUNDESAMT 2008). Folglich scheint die Studienentscheidung für den Lehrerberuf unter anderem von einer Lehrtätigkeit der Eltern abzuhängen.

Diese Hypothese wird verstärkt durch die Auswertung der Ergebnisse zu der Frage, ob die Eltern Geographielehrer sind. Von den 611 Elternteilen waren sechs Mütter und sechs Väter Geographielehrer und bei keiner Versuchsperson waren beide Elternteile dieser Gruppe zuzuordnen. Daraus folgt, dass bei 3,39% der Studierenden mindestens ein Elternteil Geographielehrer war. Dieser Wert erscheint auf den ersten Blick nicht allzu hoch, ist aber dennoch beachtenswert, da der Beruf des Geographielehrers nur eine extrem kleine Berufsgruppe innerhalb der arbeitenden Bevölkerung bildet.

5.1.2 Rankings

In diesem Kapitel sollen die Ergebnisse der Mittelwertvergleiche zwischen den Items innerhalb der einzelnen Blöcke dargestellt werden. Im den darauf folgenden Kapiteln werden anschließend die Interessen der Studierenden mit denen der Schüler verglichen (Kapitel 5.1.3) und die Ergebnisse des ersten Fragenblocks des Messinstruments mit den Ergebnissen der HIS-Studie verglichen (Kapitel 5.1.4).

Der erste Teil des Messinstruments bezieht sich auf die Motive der Studienfachwahl und ist der HIS-Studie (HEINE, SPANGENBERG, SCHREIBER & SOMMER 2005:228) entnommen (s. Kapitel 4.2). Die zwanzig Items werden mit folgenden Sätzen eingeleitet: „Wie wichtig sind die folgenden Gründe für die Wahl ihres Studiums? Kreuzen sie bitte den zutreffenden Skalenwert an. Ich habe mein Studium gewählt …". Die Items führen den letzen Satz fort und konnten anschließend anhand einer fünfstufigen Ratingskala (von 1 = sehr wichtig bis 5 = unwichtig) bewertet werden. In der Rankingtabelle (Tab. 7) sind die Items mit dem entsprechenden Mittelwert aufgelistet.

Tabelle 7: Ranking nach Mittelwerten zu Motiven der Studienfachwahl (vgl. Anhang I Messinstrument) (1=sehr wichtig; 5=unwichtig) (N=312)

#	Motive	Mittelwert
1	weil ich den Lehrerberuf mag	1,61
2	aus fachspezifischem Interesse	1,80
3	um viel Umgang mit Menschen zu haben	1,94
4	weil es meinen Neigungen und Begabungen entspricht	2,16
5	um eine gesicherte Berufsposition zu erhalten	2,20
6	um im angestrebten Beruf möglichst selbstständig arbeiten zu können	2,33
7	um gute Verdienstchancen zu erreichen	2,48
8	um mich persönlich zu entfalten	2,54
9	aus wissenschaftlichem Interesse	2,61
10	um anderen zu helfen	2,71
11	weil in meiner Studienrichtung günstige Chancen auf dem Arbeitsmarkt bestehen	2,75
12	um viele Berufsmöglichkeiten zu haben	2,96
13	um einen angesehenen Beruf zu bekommen	2,97
14	um zu sozialen Veränderungen beizutragen	2,99
15	weil für mich von vornherein nichts anderes in Frage kam als gerade dieses Studium	3,16
16	wegen der kurzen Studienzeiten	4,08
17	weil mir mein Studium unter den vorhandenen Möglichkeiten als das kleinste Übel erscheint	4,21
18	weil mir Studenten dieses Studiengangs dieses empfohlen haben	4,30
19	weil Eltern, Verwandte oder Freunde in entsprechenden Berufen tätig sind	4,37
20	auf Anregung der Berufsberatung des Arbeitsamtes	4,64
20	auf Anregung der Studienberatung der Hochschule	4,64

Auf den ersten Plätzen des Rankings sind die Motive „weil ich den Lehrerberuf mag" (Mittelwert 1,61), „aus fachspezifischem Interesse" (1,80), „um viel Umgang mit Menschen zu haben" (1,94) und „weil es meinen Neigungen und Begabungen entspricht" (2,16) zu finden. Diese verkörpern intrinsische Motive und haben erwartungsgemäß einen hohen Einfluss auf die Berufswahl (vgl. Kapitel 2). Die am stärksten wirkenden extrinsische Motive „um eine gesicherte Berufsposition zu erhalten" (2,20), „um im angestrebten Beruf möglichst selbstständig arbeiten zu können" (2,33) und „um gute Verdienstchancen zu erreichen" (2,48) liegen an fünfter bis siebter Stelle.

Am Ende des Rankings stehen die als am wenigsten wichtig empfundenen Items. Die Plätze 15 bis 19 belegen in Reihenfolge „weil für mich von vornherein nichts anderes in Frage kam als gerade dieses Studium" (15. Platz, Mittelwert:3,16), „wegen der kurzen Studienzeiten"(16., 4,08), „weil mir mein Studium unter den vorhandenen Möglichkeiten als das kleinste Übel erscheint"(17., 4,21), „weil mir Studenten dieses Studiengangs dieses empfohlen haben" (18., 4,30) und „weil Eltern, Verwandte oder Freunde in entsprechenden Berufen tätig sind" (19., 4,37). Den letzen Platz teilen sich die beiden Motive „auf Anregung der Berufsberatung des Arbeitsamtes" und „auf Anregung der Berufsberatung der Hochschule" (4,64).

Im zweiten Teil des Messinstruments wurde der von URHAHNE (2006) benutze und für diese Studie weiterentwickelte Fragebogen zur Erfassung der extrinsischen und intrinsischen Berufswahlmotive von Lehramtsstudenten eingesetzt. Die zu beurteilenden Aussagen wurden mit dem Satz „Ich habe das Lehramtsstudium Geographie gewählt, weil..." eingeleitet und konnten anhand einer Ratingskala (von (1) stimmt völlig bis (5) stimmt gar nicht) bewertet werden. In den beiden nachstehenden Rankingtabellen (Tabellen 8, 9) werden die fünf am stärksten und die fünf am schwächsten bewerteten Aussagen aufgeführt und in eine Reihung gebracht. Die Rankings aller intrinsischen und extrinsischen Berufswahlmotive befindet sich im Anhang IV und V.

Tabelle 8: Ranking Berufswahlmotive nach Urhahne (N=312)

#	Die fünf am stärksten bewerteten Aussagen	Mittelwert
1	... ich gern mit Kindern und Jugendlichen arbeite.	1,48
2	... ich gut mit Kindern und Jugendlichen zurecht komme.	1,55
3	... es mir Spaß macht, anderen Wissen zu vermitteln.	1,64
4	... ich mich gern mit den Inhalten meiner Fächer beschäftige.	1,68
5	... mir die Ausbildung von Kindern und Jugendlichen ein echtes Anliegen ist.	1,75

Tabelle 9: Ranking Berufswahlmotive nach Urhahne (N=312)

#	Die fünf am schwächsten bewerteten Aussagen	Mittelwert
1	... ich mir einen Diplomstudiengang nicht zutraue.	4,55
2	... ich mein Wunschstudium nicht geschafft habe/schaffen würde.	4,53
3	... es leichter ist als andere Studiengänge.	4,26
4	... das Studium nicht so anstrengend ist.	4,06
5	... mein Erdkundelehrer mich dazu ermutigte.	4,01

Unter den fünf Aussagen, die am stärksten bewertet wurden, befinden sich ausschließlich intrinsische Motive (s. Kapitel 5.2). Hier scheint den Probanden die Auseinandersetzung mit jungen Menschen besonders wichtig zu sein.

Im Gegensatz dazu findet sich unter den fünf Motiven, die am schwächsten bewertet wurden, kein einziges intrinsisches, sondern ausschließlich extrinsische Motive (vgl. 5.2), was nur zum Teil auf den Effekt der sozialen Erwünschtheit zurückzuführen ist.

Den dritten Fragenblock des Messinstruments bildet der überarbeitete Fragebogen von HEMMER & HEMMER (2002b:11) (s. Kapitel 4.2). Die 50 Themenitems wurden mittels einer fünfstufigen Ratingskala (von 1 interessiert mich bis 5 interessiert mich nicht) bewertet. Das Mittelwertranking der zehn beliebtesten und unbeliebtesten Themenitems, wird in Tabelle 10 und 11 dargestellt (komplettes Ranking aller Interessevariablen im Anhang VI):

Tabelle 10: Mittelwerte zu den zehn interessantesten geographiespezifischen Themenitems (N=302)

#		Mittelwert N=302
1	Naturkatastrophen (z.B. Vulkanismus, Hochwasser, Erdbeben, Lawinen)	1,62
2	Entwicklungsländer/arme Länder der Erde	1,72
3	Armut und Hunger auf der Erde	1,73
4	Entdeckungsreisen	1,79
5	Leben der Menschen in fremden Ländern	1,83
6	aktuelle Krisen- und Kriegsgebiete der Erde	1,84
7	Bevölkerungsexplosion (starkes Wachstum der Erdbevölkerung)	1,84
8	Lage der Erdteile, Meere und Gebirge	1,94
9	Lage der wichtigsten Landschaften, Flüsse, Städte, ... Europas	1,98
10	Eingriffe des Menschen in den Naturhaushalt	2,00

Tabelle 11: Mittelwerte zu den zehn uninteressantesten geographiespezifischen Themenitems (N=302)

#		Mittelwert N=302
1	Religionen	2,83
2	Verkehr(swege)	2,75
3	Erdwissenschaftliche Forschung/Forschungsprojekte	2,71
4	Müllprobleme	2,65
5	Bodenbelastung (z B. durch Abgase, alte Müllkippen) und Bodenzerstörung	2,65
6	Änderungen in der Landwirtschaft zwischen früher und heute	2,59
7	Industrie	2,59
8	Kartenerstellung und Kartennutzung	2,58
9	Verschmutzung von Gewässern	2,54
10	Wirtschaftliche und politische Zusammenarbeit in Europa, z.B. Austausch von Waren	2,53

5.1.3 Vergleich der Interessen von Geographie-Lehramtsstudierenden und Schülern

An dieser Stelle soll ein Vergleich zwischen den Interessen der Studierenden und der Schüler gezogen werden. Nachdem zuvor die Interessen der Studierenden betrachtet wurden, werden als nächster Schritt die Schülerinteressen der Untersuchungen von HEMMER & HEMMER (1995, 2006) mit diesen verglichen.

Es zeigt sich übereinstimmend in den Studenten- und Schülerbefragungsergebnissen, dass das Item Naturkatastrophen das beliebteste ist und das Item Entdeckungsreisen auch zu den beliebtesten Themen zählt (vgl. Tab. 10-12) (vgl. HEMMER, HEMMER 2002a, S. 3; HEMMER & HEMMER 2006). Bei beiden Schülerbefragungen von HEMMER & HEMMER (1995, 2006) weckt das Thema wirtschaftliche und politische Zusammenarbeit in Europa am wenigsten Interesse, wohingegen es bei den Gießener Studenten immerhin nur das zehnt unbeliebteste Item ist (vgl. Tab. 11). Auch bei der Schülerbefragung von HEMMER ET AL. (2005) (Befragung fand im Jahr 2001 statt) zeigte sich die außerordentliche Beliebtheit des Themas Naturkatastrophen.

Tabelle 12: Ergebnisse der Schülerbefragung von 1995 bzgl. des Interesses an geographischen Themen (N≈2657) Quelle: Hemmer & Hemmer 2006

#	Zehn beliebteste Themen	Zehn unbeliebteste Themen
1	Naturkatastrophen *	Wirtschaftliche und politische Zusammenarbeit in Europa*
2	Weltraum/Planeten/Sonnensystem*	Industrie*
3	Entdeckungsreisen*	Verstädterung*
4	Entstehung der Erde *	Bevölkerungswanderung*
5	Waldsterben	Stadt- und Raumplanung*
6	Leben der Naturvölker*	Landwirtschaft in verschiedenen Regionen der Erde*
7	Treibhauseffekt	Gesellschaftssysteme und Religionen*
8	Umwelt und Verkehr	Wirtschaftliche Situation in verschiedenen Regionen*
9	Eingriffe des Menschen in den Naturhaushalt	Verkehrswege*
10	Umweltprobleme daheim	Vergleich der Großmächte der Erde

*Themen die bei der erneuten Schülerbefragung 2005 auch unter den 10 beliebtesten bzw. unbeliebtesten waren (Hemmer & Hemmer 2006)

Insgesamt stimmen drei (fünf) Items der Top 10 und vier (vier) der zehn unbeliebtesten Items bei der Gießener Studentenbefragung und der Schülerbefragung von 1995 (2005) (HEMMER & HEMMER 2006) überein. Weiterhin zeigt sich, dass nur wenig Interesse an dem Gegenstand Industrie besteht. Allgemein zeigt sich eine höhere Beliebtheit des Themas Topographie bei den Lehramtsstudenten und eine Vorliebe der Schüler für Umweltthemen (vgl. Tab. 10, 12), wobei das Interesse der Schüler an Umweltthemen in der Befragung von 2005 nachlässt (HEMMER & HEMMER 2006).

5.1.4 Vergleich der Untersuchungsergebnisse mit denen der HIS-Studie

Dieses Kapitel soll Aufschluss darüber geben, inwieweit die Ergebnisse der Untersuchung in Gießen (Fragenblock A.) denen der HIS-Studie gleichen bzw. in welchen Punkten es Unterschiede gibt. Es soll in erster Linie mit den lehramtsspezifischen Befunden der HIS-Studie verglichen werden, aber auch mit denen der studentischen Gesamtpopulation. Die Ergebnisse werden in der HIS-Studie allerdings nicht in Mittelwerten angegeben, sondern durch eine Addition der Stufen 1 und 2 (s. HEINE 2005:130ff). Die Items wurden den in Tabelle 13 dargestellten sechs Kategorien zugeteilt:

Tabelle 13: Motivkategorien nach HIS-Studie

intrinsische Motive
extrinsische Motive
frühzeitig feststehende Berufs- oder Studienfachwahl
soziale Motive
studien- und berufsferne Motive
Studienberatung

zur genauen Zuteilung der Items s. Tabelle 14

Bei den intrinsischen Motiven zeigen sich deutliche Unterschiede: Zwar wurde das Fachinteresse ähnlich bewertet, jedoch zeigt sich, dass die Gießener Geographielehramtsstudenten weniger Wert auf Neigung und Begabung sowie persönliche Entfaltung

gelegt haben als die Lehramtsstudenten sowie die Gesamtpopulation der HIS-Studie. Die Wertung des Motivs „aus wissenschaftlichem Interesse" der Gießener Stichprobe zeigt eher eine der Gesamtpopulation ähnliche Ausprägung, als dass sie sich mit der der Lehramtsstudenten deckt (vgl. Tabelle 14).
Bei den extrinsischen Motiven zeigen sich weniger Unterschiede zwischen den Lehramtsstudierenden der HIS- und der Gießener Studie, als bei den Intrinsischen.

Tabelle 14: Studienwahlmotive nach Studie in Gießen, HIS-Studie Lehramt und HIS-Studie insgesamt in Prozent. (Angaben auf einer Skala von 1 = sehr wichtig bis 5 = unwichtig; Stufen 1 und 2) (Daten aus HIS-Studie WS 2004/05)

Kategorie	Motiv	Studie in Gießen	HIS-Studie Lehramt	HIS-Studie insgesamt
intrinsische Motive	Fachinteresse	88	90	93
	Neigung/Begabung	70	93	88
	persönliche Entfaltung	49	69	64
	wissenschaftliches Interesse	52	28	46
extrinsische Motive	viele Berufsmöglichkeiten haben	35	20	67
	selbstständig arbeiten können	63	54	64
	sichere Berufsposition	68	75	64
	gute Verdienstmöglichkeiten	58	55	62
	wegen Status des Berufs	37	35	51
	Studienrichtung auf Arbeitsmarkt gefragt	45	48	43
frühzeitig feststehende Berufs- oder Studienwahl	fester Berufswunsch	*	72	58
	stand von vornherein fest	29	30	27
soziale Motive	viele Kontakte zu Menschen	78	75	37
	zu sozialen Veränderungen beitragen	32	61	31
	anderen helfen	45	73	31
studien- und berufsferne Motive	Eltern/Verwandte/ Freunde im gleichen Beruf	10	9	7
	kurze Studienzeiten	7	6	8
	kleinstes Übel	7	9	7
Studienberatung	Berufsberatung der Arbeitsamtes	3	4	3
	Studienberatung der Hochschule	3	3	4

* nicht abgefragt (vgl. Kapitel 4.2)

Dennoch lässt sich festhalten, dass den Gießener Studenten die extrinsischen Motive wichtiger waren als den Lehramtsstudenten der HIS-Studie. Die Werte der HIS-Gesamtpopulation liegen bei den extrinsischen Motiven zumeist höher bzw. mindestens auf vergleichbarem Niveau.
Weiterhin zeigen sich Unterschiede in den sozialen Motiven. Wichtig ist beiden Gruppen von Lehramtsstudenten im Gegensatz zu der HIS-Gesamt-population, dass sie viele Kontakte zu Menschen haben wollen. Erstaunlich ist, dass die Lehramtsstudenten der HIS-Studie auch in den anderen beiden sozialen Motiven ähnlich hohe Werte vorweisen, die Gießener Stichprobe jedoch diesen Beweggründen einen deutlich niedrigeren Wert zuordnet. Insbesondere das Item „um zu sozialen Veränderungen beizutragen" wird sehr schwach bewertet und ist in seiner Ausprägung mit der Gesamtpopulation von Studienanfängern der HIS-Studie vergleichbar (vgl. Tabelle 14).

5.2 Explorative Datenanalyse

Um hinter den einzelnen Items stehende Strukturen erkennen zu können wurde eine explorative Faktorenanalyse bzgl. der Berufswahlmotivvariablen und der Interessevariablen berechnet.

5.2.1 Was versteht man unter explorativer quantitativer Datenanalyse?

Neben den inferenzstatistischen Auswertungsmethoden quantitativer Daten, wie z.b. Signifikanztests und Parameterschätzungen zur Prüfung von Hypothesen, gibt es explorative Verfahren, die die Hypothesengenerierung und das Auffinden von Strukturen zum Ziel haben. Zu nennen sind dabei (1) einfache deskriptive Verfahren zur Auffindung von Zusammenhängen, (2) graphische Methoden wie die explorative Datenanalyse (EDA) nach Tukey, deren Ziel es ist unübersichtliche Datensätze durch Grafiken (wie z.B. Stem-and-Leaf-Plots, Box-Plots) zu veranschaulichen und so Denkanstöße zur Hypothesenbildung zu liefern, sowie (3) multivariate Explorationstechniken, die Daten reduzieren und strukturieren sollen (BORTZ & DÖRING 2006:371ff).

Ergebnis der tendenziell verallgemeinernd vorgehenden multivariaten Verfahren sind Gliederungsvorschläge der Variablen, aus denen der Forscher geeignete Varianten auf Basis von Plausibilität und Interpretierbarkeit auswählt. Die vorgenommene Strukturierung der Daten geschieht also nicht aufgrund der vorgegebenen Hypothesen, sondern entsteht kontinuierlich im Wechselspiel der Daten und der Überlegungen des Forschenden. Dieser interpretative Freiraum ist bei den beiden gebräuchlichsten Verfahren, der Clusteranalyse und der Faktorenanalyse, gegeben (vgl. BORTZ & DÖRING 2006:376f).

5.2.2 Faktorenanalyse

Die Faktorenanalyse ist eine Sammlung von Verfahren, deren allgemeines Ziel darin besteht, mehrere korrelierende Variablen zu einer geringeren Anzahl von Faktoren zusammenzufassen, die auf einer höheren Abstraktionsebene liegen. Die Faktorenanalyse wird in dieser Studie durchgeführt, um (1) hinter den Variablen liegende Strukturen zu entdecken und diese zu benennen; (2) zum Zweck der Datenreduktion werden aus einer großen Anzahl einzelner Variablen wenige Faktoren extrahiert, die den Sachverhalt erklären. Es „ist ökonomischer und übersichtlicher […], mit Faktorenwerten statt mit vielen korrelierten Einzelmessungen zu operieren" (BORTZ & DÖRING 2006:378). Weiterhin (3) soll die Faktorenanalyse dazu dienen, die Subskalen auf Eindimensionalität zu prüfen (JANSSEN & LAATZ 2007:531).

Beispielsweise wird mit Hilfe der Faktorenanalyse untersucht, welche Subskalen (d.h. eindimensionale, latente Merkmale) sich hinter den Items zur intrinsischen Motivation verbergen. Die Faktorenanalyse teilt diese im ersten Schritt in z.B. drei Faktoren ein, welche anschließend auf Eindimensionalität geprüft werden. Bestätigt sich diese, wird auf Basis der Items, die am höchsten auf den Faktor laden, diesem eine inhaltliche Rubrik zugeschrieben.

Die Faktorenanalyse wurde entsprechend dem Vorgehensschema nach BACKHAUS et al. (2000:261) durchgeführt.

(1) • Variablenauswahl und Errechnung der Korrelationsmatrix

(2) • Extraktion der Faktoren

(3) • Bestimmung der Kommunalitäten

(4) • Zahl der Faktoren

(5) • Faktoreninterpretation

(6) • Bestimmung der Faktorenwerte

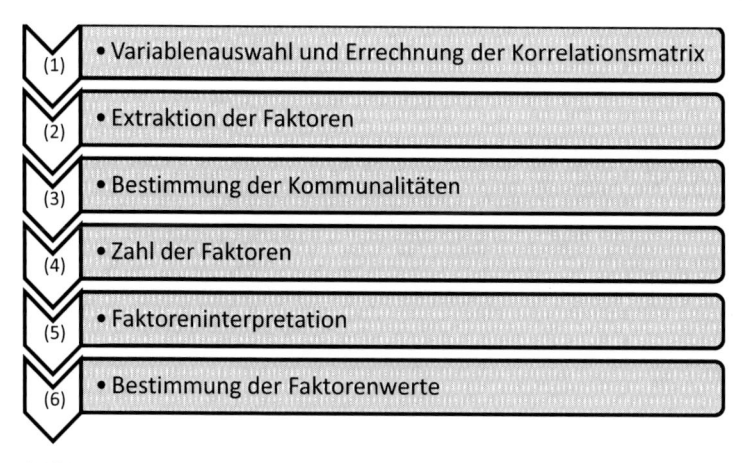

Abbildung 13: Schema der Durchführung einer Faktorenanalyse nach Backhaus et al. (2000:261)

„Allerdings ist zu beachten, dass sich bei konkreten Anwendungen der Faktorenanalyse insbesondere die Schritte (2) und (3) gegenseitig bedingen und nur schwer von einander trennen lassen" (BACKHAUS et al. 2000:261).

5.2.3 Ermittlung der Subskalen zu den Berufswahlmotiven

In diesem Kapitel wird veranschaulicht, auf welche Weise die Skalen und Subskalen zu den Berufswahlmotiven (Fragenblock B) zu Stande kommen.

(1) Variablenauswahl und Errechnung der Korrelationsmatrix
Zur Ermittlung der Subskalen wurden nur Merkmale (Variablen) untersucht, die für den entsprechenden Untersuchungsgegenstand relevant sind. Die Skalen der Berufswahlmotive (B) und Interessen (C) wurden demnach getrennt betrachtet. Auf das nach dem Pretest hinzugefügte Item „...mein Erdkundelehrer mich dazu ermutigte" wurde verzichtet, da dadurch die Vergleichbarkeit der errechneten Faktoren mit dem Ergebnis der Faktorenanalyse von URHAHNE (2006) erhalten bleibt.
Zunächst wurde geprüft, inwieweit sich die Ausgangsdaten für faktorenanalytische Zwecke eignen. Dazu wurde die Korrelationsmatrix betrachtet, in der sich die Eignung zur Faktorenanalyse spiegelt. Zum einen gibt die Höhe der Korrelationskoeffizienten einen Hinweis auf die Verwendbarkeit der Daten und zum anderen die Häufigkeitsverteilung der Variablen in der Erhebungsgesamtheit. Letzteres ist von Bedeutung, da die Variablen, die zu einem Faktor zusammengefasst werden, ein gemeinschaftliches Konstrukt messen und folglich eine ähnliche Häufigkeitsverteilung haben sollten. Deshalb muss vorab geprüft werden, wieweit die Variablen eine gleichartige Häufigkeits-

verteilung aufweisen, obwohl die Faktorenanalyse selbst keine Verteilungsannahmen voraussetzt (BACKHAUS et. al. 2000:267).
Bei den Items zur intrinsischen und extrinsischen Motivation ergibt die Häufigkeitsverteilungsprüfung, dass vier Items (ich mir einen Diplom-/Masterstudiengang nicht zutraue nicht zutraue, das Studium nicht so anstrengend ist, es leichter ist als andere Studiengänge und ich mein Wunschstudium nicht geschafft habe/schaffen würde) rechtssteil verteilt sind und somit nicht zu der Masse der anderen Items, die linkssteil oder symmetrisch verteilt sind, passen. Folglich werden diese Items in der Faktorenanalyse getrennt von den anderen betrachtet. Es wird überprüft, ob diese eine eindimensionale Subskala bilden. Die Prüfung auf Eindimensionalität der vier Items bestätigte diese und sie werden demnach als eigene Subskala unter dem Titel „Studium leicht" geführt (vgl. Tab. 18).
Insgesamt sind die Korrelationskoeffizienten in der Korrelationsmatrix zum Fragenblock B ohne das Item „...mein Erdkundelehrer mich dazu ermutigte" und ohne die vier vorgenannten Items der Subskala „Studium leicht" sehr heterogen, so dass kein eindeutiges Urteil über die Eignung der Daten zur Faktorenanalyse möglich ist. Folglich wird zur Prüfung der Korrelationsmatrix das Kaiser-Meyer-Olkin-Kriterium (KMK) ausgewählt, das in der Literatur als bestes zur Verfügung stehendes Verfahren genannt wird (BACKHAUS et. al. 2000:269). Das KMK zeigt an, in welchem Umfang die Ausgangsvariablen zusammen gehören, und erlaubt sowohl eine Beurteilung der gesamten Korrelationsmatrix als auch einzelner Variablen. Sein Wertebereich liegt zwischen 0 und 1 (BACKHAUS et al. 2000:269).

Tabelle 15: Beurteilung der KMK-Werte nach Kaiser & Rice (1974)

KMK ≥0,9	marvelous	„erstaunlich"
KMK ≥0,8	meritorious	„verdienstvoll"
KMK ≥0,7	middling	„ziemlich gut"
KMK ≥0,6	mediocre	„mittelmäßig"
KMK ≥0,5	miserable	„kläglich"
KMK <0,5	unacceptable	„untragbar"

Der für die Skala Motivation erreichte KMK-Wert beträgt 0,846 und ist somit als verdienstvoll anzusehen (vgl. Tab. 15). Die variablenspezifischen KMK-Werte liegen zwischen 0,743 und 0,909. Folglich sind alle Variablen geeignet für die Durchführung einer Faktorenanalyse (vgl. BACKHAUS et. al 2000:270).

(2 und 3) Extraktion der Faktoren und Bestimmung der Kommunalitäten
Wie bei der Untersuchung von URHAHNE (2006) wird von der Hauptkomponentenanalyse ausgegangen, die den Startwert der Kommunalitätenschätzung immer auf 1 festlegt. Das Ziel der Hauptkomponentenanalyse ist die möglichst umfassende Reproduktion der Datenstruktur durch möglichst wenige Faktoren. Die Hauptkomponentenanalyse nimmt keine kausale Interpretation der Faktoren vor, sondern die Frage bei der Interpretation der Faktoren lautet: Wie lassen sich die auf einen Faktor hochladenden Variablen durch einen Sammelbegriff zusammenfassen? (BACKHAUS et. al. 2000:286)

(4) Zahl der Faktoren

Die maximale Anzahl möglicher Faktoren entspricht der Zahl der Variablen. Das Ziel der Faktorenanalyse ist es jedoch, möglichst wenige erklärungsträchtige Faktoren zu finden. Um die optimale Anzahl der Faktoren zu ermitteln, wird nach dem Kaiser-Kriterium (Eigenwerte > 1) und dem Scree-Test vorgegangen. Das Kaiser-Kriterium extrahiert Faktoren mit Eigenwert > 1, da angenommen wird, dass jede Variable bereits eine Varianz von 1 hat und jeder ausgewählte Faktor mindestens diese Varianz binden sollte. Zudem betrachtet man die Darstellung der Eigenwerte in einem Diagramm, dem sogenannten Scree-Plot. Man geht davon aus, dass die Grafik einem Berg ähnelt, an dessen Fuß sich Geröll sammelt. An dem Übergang vom Geröll zur Bergflanke sieht man oft einen charakteristischen Knick. Die Anzahl der Eigenwerte über dem Knick werden als Faktoren interpretiert (JANSEN & LAATZ 2007:540f). Dieses interpretative Verfahren liefert nicht immer eindeutige Lösungen, da der Knick nicht immer klar zu erkennen ist.

Das Kaiser-Kriterium weist in der Motivationsskala sechs Faktoren aus, die 60,85 % der Gesamtvarianz erklären. Der Scree-Plot ist in diesem Fall nicht eindeutig zu interpretieren.

(5) Faktorinterpretation

Um eine bessere Zuordnung der Variablen zu den einzelnen Faktoren zu ermöglichen, wird das ermittelte Faktorenmuster mit Hilfe der Varimax-Rotationsmethode rotiert. Es handelt sich dabei um eine rechtwinklige Rotation, bei der die Faktorenachsen im rechten Winkel zueinander bleiben und eine inhaltliche Interpretation der Faktoren ermöglichen. Die zuvor ermittelten Eigenwerte und Kommunalitäten verändern sich dabei nicht. Mit Hilfe der rotierten Komponentenmatrix werden die einzelnen Variablen den Faktoren zugeordnet. Dabei wird geschaut, auf welchen Faktor die Variable am stärksten lädt. Ladungen > 0,5 gelten als hohe Ladung (vgl. BACKHAUS et. al 2000:292). Wenn eine Variable auf mehreren Faktoren Ladungen >= 0,5 aufweist, muss sie beiden Faktoren zugeordnet werden. In Tabelle 16 sind die Variablen sowie ihre Faktorladungen den sechs Faktoren zugeordnet, auf die sie am stärksten laden. Die Werte basieren auf der Faktorenanalyse über alle extrinsischen und intrinsischen Variablen, außer

„... ich mir einen Diplom-/Masterstudiengang nicht zutraue,"
„... das Studium nicht so anstrengend ist,"
„... es leichter ist als andere Studiengänge,"
„... ich mein Wunschstudium nicht geschafft habe/schaffen würde,"
„... mein Erdkundelehrer mich dazu ermutigte."

Genannte Variablen wurden aufgrund ihrer andersartigen Häufigkeitsverteilung einer separaten Faktorenanalyse unterzogen.

Tabelle 16: Ladung der Variablen zur Berufswahlmotivation (Hauptkomponentenmethode, Varimax-Rotation)

Variablen nach Faktoren	Ladung
Faktor 1	
... es mir Spaß macht, die Erziehung von Kindern und Jugendlichen mitzugestalten.	0,8
... mir die Ausbildung von Kindern und Jugendlichen ein echtes Anliegen ist.	0,778
... es für mich wichtig ist, einen Beitrag zur Ausbildung von Kindern und Jugendlichen zu leisten.	0,766
... ich gut mit Kindern und Jugendlichen zurecht komme.	0,676
... ich gern mit Kindern und Jugendlichen arbeite.	0,634
... es mir Spaß macht, anderen Wissen zu vermitteln.	0,534
... es mir wichtig ist, dass Schüler/innen viel lernen	0,466
Faktor 2	
... ich als Lehrer/in viel freie Zeit habe.	0,753
... ich als Lehrer/in durch die flexible Arbeitszeit soziale Kontakte knüpfen kann.	0,713
...ich mir als Lehrer/in die Arbeitszeit zum großen Teil selbst einteilen kann.	0,657
... ich als Lehrer/in auch noch meinen Hobbys nachgehen kann.	0,644
... ich als Lehrer/in Familie und Beruf gut vereinen kann.	0,617
... ich als Lehrer/in die Möglichkeit habe, mich um meine Familie zu kümmern.	0,596
... ich in keinem anderen Beruf so viel Ferien hätte wie im Lehrerberuf	0,591
Faktor 3	
... ich als Lehrer/in finanziell abgesichert bin.	0,812
... ich als Lehrer/in regelmäßig ein festes Gehalt bekomme.	0,808
... ich als Lehrer/in gut verdiene.	0,790
... ich als Lehrer/in die Vorteile des Beamtenstatus genieße.	0,730
Faktor 4	
... ich mich gern mit den Inhalten meiner Fächer beschäftige.	0,753
... ich viel in meinen Fächern dazulernen möchte.	0,693
... meine Unterrichtsfächer wichtig sind.	0,615
... ich als Lehrer/in wichtige Wissensbestände vermitteln kann.	0,578
... das Lehramtsstudium durch die Belegung mehrerer Fächer abwechslungsreich ist.	0,490
Faktor 5	
... ich gut erklären kann.	0,788
... ich fachliche Inhalte interessant vermitteln kann.	0,740
... ich denke, dass ich eine gute Lehrerin/ ein guter Lehrer sein werde.	0,713
Faktor 6	
... es mit immer Spaß gemacht hat, in die Schule zu gehen.	0,672

Es zeigt sich, dass extrinsische und intrinsische Motive unterschiedlichen Faktoren zugeordnet werden (vgl. Kapitel 2.1.2) und sich somit gut trennen lassen. In einem zweiten Schritt wurden nur die extrinsischen bzw. intrinsischen Variablen einer zweiten Faktorenanalyse unterzogen, um Subskalen bilden zu können. In den Tabellen 17 und 18 sind die Variablen nach Subskalen sortiert und mit der entsprechenden Faktorladung versehen.

Tabelle 17: Extrinsische Motivationsvariablen nach Subskalen (Hauptkomponentenmethode; Varimax Rotation) sowie entsprechende Ladungen, KMK-Werte und Cronbachs α

Extrinsische Motivationsvariablen nach Subskalen	Ladung auf jeweilige extrinsische Subskala	KMK[1] 0,878	Cronbachs α	Skalenmittelwerte
Subskala Sicherheit		**0,823**	**0,861**	**2,38**
... ich als Lehrer/in finanziell abgesichert bin.	0,831		0,880	
... ich als Lehrer/in gut verdiene.	0,822		0,871	
... ich als Lehrer/in regelmäßig ein festes Gehalt bekomme.	0,819		0,911	
... ich als Lehrer/in die Vorteile des Beamtenstatus genieße.	0,723		0,936	
Subskala Zeiteinteilung und Familie		**0,809**	**0,827**	**2,84**
... ich als Lehrer/in durch die flexible Arbeitszeit soziale Kontakte knüpfen kann.	0,728		0,901	
... ich als Lehrer/in viel freie Zeit habe.	0,709		0,847	
...ich mir als Lehrer/in die Arbeitszeit zum großen Teil selbst einteilen kann.	0,697		0,896	
... ich als Lehrer/in auch noch meinen Hobbys nachgehen kann.	0,609		0,904	
... ich als Lehrer/in Familie und Beruf gut vereinen kann.	0,599		0,838	
... ich als Lehrer/in die Möglichkeit habe, mich um meine Familie zu kümmern.	0,592		0,845	
... ich in keinem anderen Beruf so viel Ferien hätte wie im Lehrerberuf	0,505		0,867	
Subskala wenig Aufwand im Studium[2]		**0,619**	**0,657**	**4,35**
... es leichter ist als andere Studiengänge.	0,879		0,579	
... das Studium nicht so anstrengend ist.	0,786		0,590	
... ich mir einen Diplomstudiengang nicht zutraue.	0,676		0,750	
... ich mein Wunschstudium nicht geschafft habe/schaffen würde.	0,444		0,702	

Bei der Faktorenanalyse der intrinsischen Motivationsvariablen wurde das Item „... es mir immer Spaß gemacht hat in die Schule zu gehen" herausgenommen, da dieses eine eigene Subskala bilden würde und somit nicht zu den anderen Items passt (vgl. Tab. 16). Des Weiteren sind die eindimensionalen Subskalen intern konsistent, wie die Cronbachs-α-Werte zwischen 0,619 und 0,832 belegen.

---

[1] Die KMK-Werte beziehen sich auf die Faktorenanalyse aller extrinsischen Motivationsvariablen. Die KMK-Werte für die Subskalen insgesamt beziehen sich auf die Faktorenanalyse, die nur die Items der Subskala beinhaltet (Prüfung auf Eindimensionalität).

[2] Die Subskala wurde separat berechnet, da die Häufigkeitsverteilungen der Variablen anders waren als die der übrigen. Die Faktorladungswerte beziehen sich nur auf die faktorenanalytische Untersuchung dieser vier Items zur Prüfung der Eindimensionalität.

Tabelle 18: Intrinsische Motivationsvariablen nach Subskalen (Hauptkomponentenmethode; Varimax Rotation) sowie entsprechende Ladungen, KMK-Werte und Cronbachs α.

Intrinsische Motivationsvariablen nach	Ladung auf jeweilige intrinsische Subskala	KMK[1] 0,860	Cronbachs α	Skalenmittelwerte
Subskala Pädagogische Motivation		0,832	0,818	1,71
... es mir Spaß macht, die Erziehung von Kindern und Jugendlichen mitzugestalten.	0,787	0,891		
... mir die Ausbildung von Kindern und Jugendlichen ein echtes Anliegen ist.	0,759	0,861		
... es für mich wichtig ist, einen Beitrag zur Ausbildung von Kindern und Jugendlichen zu leisten.	0,741	0,869		
... ich gern mit Kindern und Jugendlichen arbeite.	0,680	0,837		
... ich gut mit Kindern und Jugendlichen zurecht komme.	0,654	0,862		
... es mir wichtig ist, dass Schüler/innen viel lernen	0,473	0,921		
Subskala Motivation zur Wissensvermittlung		0,797	0,759	1,85
... meine Unterrichtsfächer wichtig sind.	0,743	0,869		
... ich viel in meinen Fächern dazulernen möchte.	0,697	0,887		
... ich mich gern mit den Inhalten meiner Fächer beschäftige.	0,630	0,867		
... ich als Lehrer/in wichtige Wissensbestände vermitteln kann.	0,625	0,884		
... das Lehramtsstudium durch die Belegung mehrerer Fächer abwechslungsreich ist.	0,532	0,898		
... es mir Spaß macht, anderen Wissen zu vermitteln.	0,491	0,870		
Subskala Selbsteinschätzung zur Befähigung zum Lehrerberuf		0,667	0,702	2,04
... ich gut erklären kann.	0,802	0,740		
... ich denke, dass ich eine gute Lehrerin/ ein guter Lehrer sein werde.	0,740	0,818		
... ich fachliche Inhalte interessant vermitteln kann.	0,729	0,763		

Die Bezeichnungen der Subskalen basieren auf dem Sinngehalt der Variablen, die die Skalen bilden, bzw. auf dem Item mit der höchsten Ladung. Ein Strukturdiagramm im Anhang (II.) dient als Übersicht und veranschaulicht die Zugehörigkeit der einzelnen Items zu den jeweiligen Subskalen. Vergleicht man die Rangfolge der extrinsischen und intrinsischen Motivationssubskalen auf Basis ihrer Mittelwerte[2], dann wird deutlich, dass die intrinsischen Skalen auf den Rängen 1-3 vor den extrinsischen liegen, also ein stärkerer Beweggrund zur Wahl dieses Studiums sind. Aufgrund der sozialen Erwünschtheit ist davon auszugehen, dass es eine Antworttendenz zugunsten der intrinsischen Motive gibt. Von daher ist der Vergleich der Mittelwerte der extrinsischen und

---

[1] Die KMK-Werte beziehen sich auf die Faktorenanalyse aller intrinsischen Motivationsvariablen. Die KMK-Werte für die Subskalen insgesamt beziehen sich auf die Faktorenanalyse, die nur die Items der Subskala beinhaltet (Prüfung auf Eindimensionalität).

[2] Der Mittelwert jeder Subskala wurde auf Basis der Summe der ihr zugehörigen Variablenmittelwerte berechnet.

intrinsischen Motivskalen mit Vorsicht zu betrachten. Innerhalb der Motivkategorien sind die Ergebnisse jedoch ohne Bedenken vergleichbar. Bei den extrinsischen Motivskalen sind die Subskalen Sicherheit, die vor allem finanzielle Sicherheit bedeutet, und Zeiteinteilung und Familie für die Berufswahl entscheidend, wohingegen dem Faktor wenig Aufwand im Studium wenig Bedeutung seitens der Studierenden zugemessen wird (vgl. Tab. 17). Auf Platz 1 der intrinsischen Motive der Gießener Studenten steht die Skala Pädagogische Motivation (vgl. Tab. 18). Dieses Ergebnis spiegelt sich auch auf Variablenebene bei den beliebtesten fünf Berufswahlmotiven wider, unter denen an Stelle 1, 2 und 5 Variablen der Skala Pädagogische Motivation zu finden sind. Auf Platz 2 und 3 der intrinsischen Motive folgen die Skalen Motivation zur Wissensvermittlung und Selbsteinschätzung zur Befähigung zum Lehrerberuf.

5.2.4 Ermittlung der Subskalen zum Interesse

Die Ermittlung der Subskalen zum Interesse an der Geographie wurde entsprechend der Vorgehensweise in Kapitel 5.2.2 durchgeführt.
Alle Interessevariablen (Fragenblock C, vgl. Kapitel 4.2) wurden einer Faktorenanalyse unterzogen. Die Analyse ergab 11 Faktoren, von denen jedoch diejenigen nicht weiter verwendet wurden, die aus weniger als drei Variablen bestanden. So kommt man auf eine Anzahl von neun verschiedenen Interessesubskalen, die der Tabelle 19 zu entnehmen sind. Die interne Konsistenz der Skalen mit Cronbachs alpha Werten zwischen 0,680 und 0,882 ist befriedigend bis gut und die hohen KMK-Werte belegen die Verwendbarkeit der Daten für eine Faktorenanalyse (vgl. Tab. 19) (vgl. NEUHAUS & BRAUN 2007:152).
Die Items, die in den neun Subskalen aufgrund zu geringer Faktorladungen nicht beachtet werden, sind:
- Entdeckungsreisen,
- Tourismus und Umwelt,
- Urlaubs- und Naherholungsgebiete.

Außerdem fielen nach der Überprüfung der Cronbachs α- Werte folgende Items aus den Skalen, da sie die interne Konsistenz ihrer Subskala verschlechterten:
- Bevölkerungswachstum (das starke Wachstum der Erdbevölkerung),
- Kartenerstellung und Kartennutzung

Vergleicht man die Rangfolge der Interessesubskalen auf Basis ihrer Mittelwerte[1], dann wird deutlich, dass die beliebtesten drei Themenbereiche der Stundenten Topographie, Physische Geographie I: Klima und Menschen, Völker, Religionen sind, wohingegen die Themen Umwelt, Stadt und Landwirtschaft am wenigsten Zuspruch gefunden haben. Im Vergleich mit den Interessen der Schüler (Skala Topographie an 4. Stelle, vgl. HEMMER & HEMMER 2006) bewerten auch auf Skalenebene die Studenten die Topographie wesentlich positiver.

---

[1] Der Mittelwert jeder Subskala wurde auf Basis der Summe der ihr zugehörigen Variablenmittelwerte berechnet.

5 Ergebnisse der empirischen Untersuchung

Tabelle 19: Interessevariablen nach Subskalen (Hauptkomponentenmethode; Varimax Rotation) sowie entsprechende Ladungen, KMK-Werte und Cronbachs α

	Ladung auf jeweilige Interessen-Subskala	KMK[1]	Cronbachs α	Skalenmittelwerte
Subskala Umwelt		0,882	0,864	2,41
Eingriffe des Menschen in den Naturhaushalt	0,609	0,929		
Umweltbelastungen durch Verkehr	0,601	0,885		
Umweltprobleme in der Region	0,609	0,867		
Waldsterben	0,653	0,889		
Müllprobleme	0,744	0,887		
Bodenbelastung (z B. durch Abgase, alte Müllkippen) und Bodenzerstörung	0,741	0,872		
Verschmutzung von Gewässern	0,661	0,864		
Subskala Wirtschaft und Politik		0,865	0,833	2,32
wirtschaftliche und politische Zusammenarbeit in Europa, z.B. der Austausch von Waren	0,754	0,814		
wirtschaftliche Situation in verschiedenen Gebieten der Erde	0,730	0,831		
Vergleich wirtschaftlicher/politischer Großmächte der Erde (z.B. USA - Russland, Indien - China)	0,772	0,890		
Gesellschaftssysteme	0,446	0,906		
Industrie	0,611	0,902		
Energie (Gewinnung und Versorgung)	0,545	0,884		
Aktuelle Krisen- und Kriegsgebiete der Erde	0,508	0,885		
Subskala Topographie		0,824	0,898	2,02
Lage der Erdteile, Meere und Gebirge	0,686	0,927		
Lage der wichtigsten Landschaften, Flüsse, Städte ... meines Bundeslandes	0,874	0,819		
Lage der wichtigsten Landschaften, Flüsse, Städte ... Deutschlands	0,880	0,768		
Lage der wichtigsten Landschaften, Flüsse, Städte ... Europas	0,897	0,832		
Subskala Menschen/Völker/Religion		0,852	0,848	2,13
Entwicklungsländer/arme Länder der Erde	0,400	0,790		
Armut und Hunger auf der Erde	0,364	0,786		
Ethnien und Völker	0,632	0,886		
Gesellschaftssysteme	0,437	0,833		
Religionen	0,729	0,860		
Bevölkerungswanderung	0,544	0,895		
Leben der Menschen in fremden Ländern	0,633	0,905		
Leben der Naturvölker (z.B. Eskimo, Indianer)	0,538	0,846		
Leben von ausländischen Mitbürger/innen in Deutschland	0,649	0,904		
Subskala Stadt		0,730	0,762	2,45
Stadt und Umland	0,651	0,749		
Verstädterung (Tendenz, dass weltweit immer mehr Menschen in Städten wohnen)	0,640	0,767		

---

[1] Die KMK-Werte beziehen sich auf die Faktorenanalyse aller Interessenvariablen. Die KMK-Werte für die Subskalen insgesamt beziehen sich auf die Faktorenanalyse, die nur die Items der Subskala beinhaltet (Prüfung auf Eindimensionalität).

Verkehr(swege)	0,642	0,715		
Stadt- und Raumplanung	0,807	0,703		
Subskala Physische Geographie I: Klima		0,777	0,805	2,07
Wetter und Klima	0,667	0,788		
Naturkatastrophen (z.B. Vulkanismus, Hochwasser, Erdbeben, Lawinen)	0,378	0,862		
Treibhauseffekt und Ozonproblematik/ weltweite Erwärmung der Lufthülle der Erde	0,490	0,760		
Ökosysteme der Tropen und Subtropen (z.B. tropischer Regenwald, Sahelzone)	0,655	0,798		
Klimazonen (z. B. Tropen, Polarzone)	0,730	0,739		
Vegetationszonen/Pflanzengürtel der Erde (z.B. Nadelwaldzone, Savanne)	0,639	0,759		
Subskala Landwirtschaft		0,706	0,796	2,53
Landwirtschaft in den verschiedenen Gebieten der Erde	0,721	0,687		
Änderungen in der Landwirtschaft zwischen früher und heute	0,755	0,698		
Landwirtschaft und Umwelt	0,716	0,739		
Subskala Physische Geographie II: Planet Erde		0,680	0,718	2,26
Entstehung der Erde	0,764	0,672		
Entstehung der Tages- und Jahreszeiten	0,460	0,704		
Weltraum/Planeten/Sonnensystem	0,720	0,667		
Subskala Physische Geographie III: Oberflächenformung		0,738	0,732	2,36
Erdwissenschaftliche Forschung/Forschungsprojekte	0,606	0,839		
Oberflächenformen und deren Entstehung (z.B. Hochgebirge, Küsten …)	0,623	0,698		
Entstehung der Naturlandschaft im Heimatraum	0,527	0,795		
Verschiebung der Erdteile/Plattentektonik	0,573	0,701		

5.2.5 Korrelation der Skalen und Vergleich mit Urhahnes Ergebnis

In diesem Kapitel soll dieser Frage nachgegangen in welchem Zusammenhang die fachlichen Interessen mit den intrinsischen und extrinsischen Berufswahlmotiven der Lehramtsstudierenden stehen und im Anschluss ein Vergleich zu den Ergebnissen von URHAHNE (2006) gezogen werden. Tabelle 20 zeigt die Produkt-Moment-Korrelation[1] (Pearson-Korrelation) zur dritten Fragestellung der Studie (vgl. Kapitel 3). Aus der Korrelationstabelle geht hervor, dass die extrinsischen Motive, die intrinsischen Motive und Interessen für sich gesehen jeweils in mittlerer Höhe untereinander korrelieren. Ferner zeigt sich für die Korrelation zwischen intrinsischen und extrinsischen Motiven, dass sie negativ bzw. so gut wie nicht miteinander in Beziehung stehen. Einzige Ausnahme bildet das Skalenpaar Selbsteinschätzung zur Befähigung zum Lehrerberuf und Sicherheit, welches in geringen Umfang korreliert.

---

[1] Es gilt ein Wertebereich von -1 bis +1, wobei kleine Werte um 0 für keinen Zusammenhang und Werte um ±1 für einen hohen Zusammenhang stehen (vgl. JANSSEN & LAATZ 2007:397ff).

Es wird deutlich, dass extrinsische Motive nur in sehr geringem Maße mit den Interessenskalen in Zusammenhang stehen. Die intrinsischen Motive hingegen weisen eine niedrige bis mittlere Korrelation zu den Interessen auf. Die stärkste Verbindung mit den intrinsischen Motiven findet sich bei den Interessenskalen Menschen/Völker/Religion sowie Umwelt. Auch hier zeigt sich wieder einmal die Sonderstellung der intrinsischen Motivationsskala Selbsteinschätzung zur Befähigung zum Lehrerberuf, welche nicht in Wechselbeziehung zu den Fachinteressen steht. Unter den Interessen weicht die Skala Topographie vom üblichen Muster ab. Sie korreliert nur in geringer Höhe mit der extrinsischen Skala Zeiteinteilung und Familie und der intrinsischen Skala pädagogische Motivation sowie den Interessenskalen.

Abschließend lässt sich sagen, dass die extrinsischen Motive weder ausgeprägt mit den Interessen noch mit den intrinsischen Motiven in Beziehung stehen. Mit Letzteren zeigt sich eher noch eine negative Korrelation. Im Gegensatz dazu gehen ein höheres Interesse an der Geographie mit einer höheren pädagogische Motivation und einer höheren Motivation zur Wissensvermittlung einher (s. Tab. 20).

URHAHNES (2006:118) Produkt-Moment-Korrelation zeigt fast das gleiche Muster, nur seine Skala Studienmotivation passt besser in den Kanon der intrinsischen Motive als die in dieser Studie verwendete Skala Selbsteinschätzung zur Befähigung zum Lehrerberuf.

Insgesamt bewegen sich die Korrelationen auf niedrigem bis mittlerem Niveau, sind aber nicht zufällig, wie das in Tabelle 20 in dunkelgrau dargestellte Signifikanzniveau belegt.

5 Ergebnisse der empirischen Untersuchung

Tabelle 20: Produkt-Moment-Korrelation zwischen fachlichen Interessen, intrinsischen und extrinsischen Berufswahlmotiven

Motivations- und Interesseskalen	Extrinsische Motive			Intrinsische Motive			Fachliche Interessen								
	1	2	3	4	5	6	7	8	9	10	11	12	13	14	15
(1) Sicherheit	-	,63	,22	-,07	,09	,16	-,09	-,05	,01	-,06	,07	-,14	-,03	-,12	-,12
(2) Zeiteinteilung und Familie		-	,32	-,02	,06	,06	,02	-,02	,15	,02	,01	-,06	,00	-,04	-,08
(3) wenig Aufwand im Studium			-	-,28	-,26	-,12	-,07	-,09	,08	-,07	,01	-,13	,00	,02	-,01
(4) pädagogische Motivation				-	,52	,19	,28	,07	,12	,28	,10	,17	,10	,25	,19
(5) Motivation zur Wissensvermittlung					-	,37	,30	,20	,11	,27	,15	,25	,18	,17	,20
(6) Selbsteinschätzung zur Befähigung zum Lehrerberuf						-	,04	,06	,09	,06	,09	,04	,00	,02	,11
(7) Umwelt							-	,44	,11	,48	,40	,56	,49	,32	,36
(8) Wirtschaft und Politik								-	-,02	,52	,53	,15	,35	-,11	-,07
(9) Topographie									-	,07	,15	,21	,14	,33	,33
(10) Menschen/Völker/Religion										-	,34	,23	,29	,18	,13
(11) Stadt											-	,19	,35	,03	,10
(12) physische Geographie 1: Klima												-	,33	,47	,57
(13) Landwirtschaft													-	,08	,24
(14) physische Geographie 2: Planet Erde														-	,57
(15) physische Geographie 3: Oberflächenformung															-

hoch signifikant — Korrelation auf dem Niveau von 0,01 (2-seitig) signifikant.
signifikant — Korrelation auf dem Niveau von 0,05 (2-seitig) signifikant.

5.3 Einfluss unabhängiger Variablen

In diesem Kapitel werden die Antworten der Probanden auf gruppenspezifische Unterschiede bzgl. der Mittelwerte hin analysiert. Dies können bspw. Abweichungen der Mittelwerte männlicher Versuchsteilnehmer von denen weiblicher sein. An dem Beispiel der unabhängigen Variable Geschlecht soll die methodische Herangehensweise exemplarisch demonstriert werden, die analog bei allen hier untersuchten unabhängigen Variablen angewendet wurde.

Im Rahmen dieser Untersuchung war es aus zeitlichen Gründen nur möglich eine begrenzte Anzahl der unabhängigen Variablen zu analysieren. Die unabhängigen Variablen höchster Berufsabschluss der Eltern oder Grund-/Leistungskurs konnten nicht mehr berücksichtigt werden. Zudem war der Einfluss der unabhängigen Variable Praktikum, d.h. Praxiserfahrung, nicht eindeutig von dem Einfluss der unabhängigen Variablen Alter und Semesterzahl zu trennen. Es zeigen sich signifikante Mittelwertunterschiede zwischen den Studenten, die das allgemeine Schulpraktikum durchgeführt haben oder nicht bzgl. den intrinsischen Motivationssubskalen. Diejenigen die das Praktikum noch nicht absolviert haben bewerten die Pädagogische Motivation und die Motivation zur Wissensvermittlung signifikant höher, wohingegen bei den Studenten die das Praktikum absolviert haben die Selbsteinschätzung zur Befähigung zum Lehrerberuf höher bewertet wird. Dies ist aufgrund der Praxiserfahrung der Studenten in der Schule nachvollziehbar, aber ursächlich nicht einzig auf diese unabhängige Variable zurückzuführen.

5.3.1 Mittelwertvergleiche bzgl. der unabhängigen Variable Geschlecht

Um einen Überblick über Geschlechterdifferenzen zu bekommen, wird zuerst auf der Ebene der Subskalen (Faktoren) zur intrinsischen und extrinsischen Motivation sowie des Interesses an erdkundlichen Themen ein Mittelwertvergleich mit Hilfe des nichtparametrischen Mann-Whitney-U-Tests gerechnet. Dieser ist die Alternative zum t-Test für den Vergleich von zwei Mittelwerten von Verteilungen, wenn die zu testenden Variablen nicht normalverteilt sind (JANSSEN & LAATZ 2006:571). Geschlechterdifferenzen mit Signifikanzwerte < 0,05 werden als signifikant betrachtet, Werte < 0,01 werden als hochsignifikant betrachtet. Der Signifikanzwert gibt die Wahrscheinlichkeit an, mit der bei Geltung von H_0 (der Hypothese, dass die Variable in beiden Grundgesamtheiten die gleiche Verteilung hat, es also keinen Mittelwertunterschied gibt) dieses Ergebnis zufällig zu Stande gekommen sein könnte. So hat zum Beispiel der Mann-Whitney-U-Test gezeigt, dass es Geschlechterdifferenzen beim Interesse an dem Bereich Wirtschaft und Politik gibt. Der Signifikanzwert von 0,004 beschreibt die Wahrscheinlichkeit, dass dieser Unterschied rein zufällig ist, d.h. mit (1-0,004 =) 99,6% ist dieses Ergebnis als gesichert anzusehen (JANSSEN & LAATZ 2006:571). In die entsprechenden Tabellen wurden ausschließlich Skalen bzw. Variablen aufgenommen, bei denen sich signifikante Unterschiede zeigten.

5 Ergebnisse der empirischen Untersuchung

Betrachtet man zunächst die Faktorenebene bezüglich Geschlechterdifferenzen, zeigt sich, dass die weibliche Population der Stichprobe eine hochsignifikant höhere pädagogische Motivation sowie eine stärker ausgeprägte Motivation zur Wissensvermittlung aufweist als die männliche (vgl. Tab. 21).

Tabelle 21: Unterschiede in den Mittelwerten zwischen den Geschlechtern auf Faktorenebene (m = 126; w = 178)

Subskala (Faktor)	Signifikanzniveau des Mittelwertvergleichs	Stärker bewertet von
pädagogische Motivation	0,000	Studentinnen
Motivation zur Wissensvermittlung	0,019	Studentinnen
Selbsteinschätzung zur Befähigung zum Lehrerberuf	0,028	Studenten
Interesse Wirtschaft und Politik	0,004	Studenten
Interesse Umwelt	0,034	Studentinnen
Interesse Menschen/Völker/Religion	0,000	Studentinnen
Interesse Physische Geographie II: Planet Erde	0,015	Studentinnen

Im Gegensatz dazu scheinen die Studentinnen eine geringere Motivation in Bezug auf ihre Selbsteinschätzung zur Befähigung zum Lehrerberuf zu besitzen als die Studenten, die in der Regel ein höheres Kompetenzerleben zeigen. Für die extrinsischen Subskalen zeigen sich keine signifikanten Geschlechtsunterschiede.
Beim Vergleich der Mittelwerte der einzelnen Variablen bzgl. der unabhängigen Variable Geschlecht, ergibt sich ein differenzierteres Bild der geschlechtsspezifischen Unterschiede als bei dem Vergleich der Subskalen (Faktoren). So stellt sich eine signifikant höhere Motivation seitens der Studentinnen in Bezug auf die die Familie betreffenden Variablen der Subskala Zeiteinteilung und Familie heraus (vgl. Tab. 22).

Tabelle 22: Geschlechtsspezifische Mittelwertunterschiede (Variablenebene, extrinsische Motive)

Extrinsische Motivationsvariablen nach Subskalen	Signifikanzniveau des Ergebnisses des Mann-Whitney-U-Tests	Mittelwert weiblich N=178	Mittelwert männlich N=126
Subskala: Zeiteinteilung und Familie			
... ich als Lehrer/in Familie und Beruf gut vereinen kann.	0,028	2,26	2,52
... ich als Lehrer/in die Möglichkeit habe, mich um meine Familie zu kümmern.	0,015	2,37	2,66

Für die Lehramtsstudentinnen der Geographie ist die Vereinbarkeit von Beruf und Familie also wichtiger als für die Studenten.
Die Betrachtung der geschlechtsspezifischen Unterschiede der intrinsischen Motive auf Variablenebene spiegelt die Ergebnisse der Faktorenebene. Besonders auffällig ist: Die männlichen Versuchsteilnehmer weisen für alle sechs Items der Subskala pädagogische Motivation signifikant geringere Mittelwerte auf (vgl. Tab. 23). Mit Blick auf die Interessesubskalen stellt sich heraus, dass die weiblichen Probanden ein höheres Interesse an den geographiespezifischen Themenbereichen Umwelt, Men-

schen/Völker/Religion und Physische Geographie II: Planet Erde aufweisen, während die männlichen Versuchspersonen interessierter an Wirtschaft und Politik sind (vgl. Tab. 21).

Tabelle 23: Geschlechtsspezifische Mittelwertunterschiede (Variablenebene, intrinsische Motive)

Intrinsische Motivationsvariablen nach Subskalen	Signifikanzniveau des Ergebnisses des Mann-Whitney-U-Tests	Mittelwert weiblich N=178	Mittelwert männlich N=126
Subskala: pädagogische Motivation			
... es mir Spaß macht, die Erziehung von Kindern und Jugendlichen mitzugestalten.	0,017	1,67	1,89
... mir die Ausbildung von Kindern und Jugendlichen ein echtes Anliegen ist.	0,000	1,60	1,94
... es für mich wichtig ist, einen Beitrag zur Ausbildung von Kindern und Jugendlichen zu leisten.	0,002	1,67	1,97
... ich gern mit Kindern und Jugendlichen arbeite.	0,006	1,40	1,59
... ich gut mit Kindern und Jugendlichen zurecht komme.	0,002	1,46	1,67
... es mir wichtig ist, dass Schüler/innen viel lernen	0,000	1,73	2,07
Subskala: Motivation zur Wissensvermittlung			
... ich viel in meinen Fächern dazulernen möchte.	0,000	1,72	2,10
... ich als Lehrer/in wichtige Wissensbestände vermitteln kann.	0,047	1,81	1,98
... es mir Spaß macht, anderen Wissen zu vermitteln.	0,004	1,54	1,75
Subskala: Selbsteinschätzung zur Befähigung zum Lehrerberuf			
... ich gut erklären kann.	0,039	2,18	2,01
... ich fachliche Inhalte interessant vermitteln kann.	0,029	2,30	2,11

Dies spiegelt auch die signifikanten Mittelwertunterschiede auf Variablenebene wider: die Studentinnen bewerteten vor allem humangeographische Themen wie z.B. Entwicklungsländer, Armut und Hunger, Ethnien und Völker stärker, wohingegen die Studenten sich mehr für wirtschaftsgeographische Themen interessierten (vgl. Tab. 24).
Die Ergebnisse bzgl. der Geschlechterdifferenzen bestätigen die Aussage von LIPOWSKY (2003:92) sowie die Erkenntnisse von ULICH (2004) und stehen im Gegensatz zu den Aussagen von OESTERREICH (1987) und in Teilen auch zu TERHART et al. (1994) (vgl. Kapitel 2.2), die kaum signifikante Unterschiede zwischen den Geschlechtern feststellten.
Letztendlich bestätigen die aufgezeigten signifikanten Unterschiede in den Mittelwerten auf Faktoren- und Variablenebene die Hypothese H4.

5 Ergebnisse der empirischen Untersuchung

Tabelle 24: Geschlechtsspezifische Mittelwertsunterschiede (Variablenebene, Interesse, 1 = interessiert mich sehr, 5 = interessiert micht nicht)

Interessensvariablen	Signifikanzniveau des Ergebnisses des Mann-Whitney-U-Tests	Mittelwert weiblich N=178	Mittelwert männlich N=126
Lage der Erdteile, Meere und Gebirge	0,043	2,02	1,85
Entwicklungsländer/arme Länder der Erde	0,000	1,53	2,00
Wirtschaftliche und politische Zusammenarbeit in Europa, z.B. der Austausch von Waren	0,000	2,72	2,27
Eingriffe des Menschen in den Naturhaushalt	0,006	1,88	2,17
Die Entstehung der Tages- und Jahreszeiten	0,002	2,19	2,55
Armut und Hunger auf der Erde	0,000	1,52	2,01
Tourismus und Umwelt	0,000	1,85	2,30
Ethnien und Völker	0,000	1,91	2,44
Vergleich wirtschaftlicher/politischer Großmächte der Erde (z.B. USA - Russland, Indien - China)	0,017	2,35	2,05
Umweltprobleme in der Region	0,035	2,18	2,41
Religionen	0,001	2,62	3,13
Industrie	0,000	2,81	2,28
Bevölkerungswanderung	0,014	2,00	2,29
Energie (Gewinnung und Versorgung)	0,000	2,63	2,18
Leben der Menschen in fremden Ländern	0,000	1,66	2,04
Verkehr(swege)	0,002	2,90	2,54
Leben der Naturvölker (z.B. Eskimo, Indianer)	0,000	1,87	2,40
Urlaubs- und Naherholungsgebiete	0,018	2,30	2,59
Leben von ausländischen Mitbürger/innen in Deutschland	0,048	2,31	2,58
Kartenerstellung und Kartennutzung	0,048	2,68	2,44

5.3.2 Mittelwertvergleiche bzgl. der unabhängigen Variable Lehramtsstudiengang

In diesem Kapitel wird die Frage beantwortet ob es Unterschiede in der Bewertung der Berufswahlmotive und der geographiespezifischen Interessen zwischen den Studierenden der Studiengänge Lehramt für Haupt- und Realschulen (L2) und Lehramt für das Gymnasium (L3) gibt. Die Studiengänge für das Lehramt an Grundschulen (L1) und das Lehramt an Förderschulen (L5), wurden aus diesem Teil der Auswertung ausgenommen, da ihre Repräsentation in der Stichprobe zu gering ist (vgl. Kapitel 5.1.1).

Betrachtet man die Mittelwertunterschiede auf Faktorenebene, wird deutlich, dass, die L2-Studierenden eine hochsignifikant stärker ausgeprägte Motivation in Bezug auf die extrinsische Subskala wenig Aufwand im Studium aufweisen (vgl. Tab. 25). Dies bedeutet im Umkehrschluss, dass die Studierenden des Studiengangs L3 im Durchschnitt ihren Studiengang als arbeitsaufwändiger betrachten als die L2-Studierenden. Weiterhin zeigt sich ein signifikanter Unterschied für die intrinsische Subskala Motivation zur

5 Ergebnisse der empirischen Untersuchung

Wissensvermittlung, welche für die L3-Stichprobe wichtiger als Faktor für die Berufswahl war als für die Versuchspersonen des Studiengangs L2.

Tabelle 25: Unterschiede in den Mittelwerten zwischen L2 und L3 auf Faktorenebene (N/L3 = 172; N/L2 = 115)

Subskalen		asymptotische Signifikanz	stärkere Ausprägung bei:
Extrinsische Motivation	wenig Aufwand im Studium	0,001	L2
Intrinsische Motivation	Motivation zur Wissensvermittlung	0,011	L3
Interesse	Wirtschaft und Politik	0,034	L3

Bei den Interesseskalen weist nur die Subskala Wirtschaft und Politik einen signifikanten Unterschied zwischen den Studiengängen auf. Die Studenten des Lehramtes für Gymnasien zeigten hier ein höheres Interesse.

Wenn man nun die wesentlichen Unterschiede in den Berufswahlmotiven zwischen den Studiengängen L2 und L3 auf Variablenebene in den Fokus nimmt (vgl. Tab. 26), wird deutlich, dass alle Variablen der Subskala wenig Aufwand im Studium von den L2-Studenten im Verhältnis zu den L3-Studierenden stärker bewertet wurden. Das gleiche gilt für die Items „...mir die Ausbildung von Kindern und Jugendlichen ein echtes Anliegen ist" und „...ich gut mit Kindern und Jugendlichen zurecht komme" der intrinsischen Subskala pädagogische Motivation. Das intrinsische Item „... ich mich gern mit den Inhalten meiner Fächer beschäftige" der Subskala Motivation zur Wissensvermittlung wiederum war für die L3-Studierenden wichtiger.

Tabelle 26: Unterschiede in den Mittelwerten zwischen L2 und L3 auf Variablenebene (Motivationsvariablen; N/L2 = 115; N/L3 = 172)

Skalen-zugehörigkeit	Motivationsvariable	asymptotische Signifikanz	Mittelwert L2	Mittelwert L3	höhere Motivation bei:
ohne Skala	... mein Erdkundelehrer mich dazu ermutigte.	0,043	4,18	3,86	L3
Extrinsische Subskala: wenig Aufwand im Studium	... ich mir einen Diplomstudiengang nicht zutraue.	0,008	4,35	4,67	L2
	... das Studium nicht so anstrengend ist.	0,011	3,92	4,14	L2
	... es leichter ist als andere Studiengänge.	0,015	4,14	4,35	L2
	... ich mein Wunschstudium nicht geschafft habe/schaffen würde.	0,022	4,38	4,63	L2
Intrinsische Subskala: pädagogische Motivation	... mir die Ausbildung von Kindern und Jugendlichen ein echtes Anliegen ist.	0,028	1,63	1,83	L2
	... ich gut mit Kindern und Jugendlichen zurecht komme.	0,036	1,46	1,60	L2
Intrinsische Subskala: Motivation zur Wissensvermittlung	... ich mich gern mit den Inhalten meiner Fächer beschäftige.	0,005	1,76	1,56	L3

Diese Unterschiede bestätigen die Ergebnisse von ULICH (2004), dass den Studenten der Studiengänge für Haupt- und Realschulen die Arbeit mit Kindern und Jugendlichen wichtiger ist als den Studierenden des Lehramts für Gymnasien, während diese ein höheres Fachinteresse aufweisen (vgl. Kapitel 2.2). Weiterhin soll an dieser Stelle nicht unerwähnt bleiben, dass L3-Studenten signifikant häufiger von ihren ehemaligen Erdkundelehrern zu ihrer Berufswahl ermutigt wurden als L2-Studierende.

Auch für die Interessevariablen zeigen sich signifikante Unterschiede zwischen den Lehramtsstudiengängen (vgl. Tab. 27). So ist entsprechend den Ergebnissen auf Subskalenebene das Interesse seitens der L3-Studenten an wirtschaftspolitischen Themenvariablen höher. Die L2-Stichprobe hingegen weist signifikant höhere Mittelwerte für die Variablen Bodenbelastung (z. B. durch Abgase, alte Müllkippen) und Bodenzerstörung, Verschmutzung von Gewässern, Leben der Naturvölker (z.B. Eskimo, Indianer) sowie Urlaubs- und Naherholungsgebiete auf.

Tabelle 27: Unterschiede in den Mittelwerten zwischen L2 und L3 auf Variablenebene (Interessevariablen)

Interessenvariable	asymptotische Signifikanz	Mittelwert L2 N=113	Mittelwert L3 N=167	höheres Interesse bei:
Bodenbelastung (z B. durch Abgase, alte Müllkippen) und Bodenzerstörung	0,014	2,46	2,77	L2
Wirtschaftliche und politische Zusammenarbeit in Europa, z.b. der Austausch von Waren	0,025	2,68	2,39	L3
Vergleich wirtschaftlicher/politischer Großmächte der Erde (z.B. USA - Russland, Indien - China)	0,035	2,40	2,08	L3
Urlaubs- und Naherholungsgebiete	0,038	2,24	2,50	L2
Verschmutzung von Gewässern	0,04	2,36	2,63	L2
Leben der Naturvölker (z.B. Eskimo, Indianer)	0,047	1,93	2,21	L2

Es zeigen sich also signifikanten Unterschiede in den Mittelwerten auf Faktoren- und Variablenebene bzgl. der unterschiedlichen Lehrämter. Also bestätigt sich die Hypothese (H5).

5.3.3 Mittelwertvergleiche bzgl. der unabhängigen Variable „Sind oder waren die Eltern Lehrer"

In diesem Kapitel sollen unterschiedliche Strukturen in der Berufswahlmotivation und in den geographiespezifischen Interessen zwischen den Studierenden, unter deren Eltern sich mindestens ein Lehrer befand (N=63), und denjenigen, deren Eltern beide keine Lehrer sind (N=242), betrachtet werden. Die Mittelwertvergleiche sind aufgrund der Schiefe der Verteilung mit Vorsicht zu interpretieren.
Auf Faktorenebene zeigt sich nur für die Subskala „wenig Aufwand im Studium" ein signifikanter Unterschied bezüglich der unabhängigen Variable (vgl. Tabelle 28).

Tabelle 28: Unterschiede in den Mittelwerten zwischen „mindestens ein Elternteil Lehrer" (N=63) und „Eltern sind keine Lehrer" (N=242) auf Subskalenebene

Subskala		asymptotische Signifikanz	stärkere Ausprägung bei:
Extrinsische Motivation	wenig Aufwand im Studium	0,038	mind. ein Elternteil Lehrer

So ist für die Studierenden, von denen mindestens ein Elternteil Lehrer ist, der geringere Aufwand im Studium ein stärkerer Beweggrund für die Berufswahl als für die Studenten, deren Eltern beide keine Lehrer sind. Für letztere Gruppe zeigt sich allerdings auf Variablenebene, dass sie einen höheren Wert auf die intrinsischen Berufswahlmotive „... es mir wichtig ist, dass Schüler/innen viel lernen" und „... ich gut mit Kindern und Jugendlichen zurecht komme" legt. Insbesondere beim letztgenannten Motiv stellt sich der Unterschied besonders deutlich dar (vgl. Tab. 29).

Tabelle 29: Unterschiede in den Mittelwerten zwischen „mindestens ein Elternteil Lehrer" (N=63) und „Eltern sind keine Lehrer" (N=242) auf Variablenebene (Berufswahlmotive)

Skalenzugehörigkeit	Motivationsvariable	asymptotische Signifikanz	Mittelwert - Eltern keine Lehrer	Mittelwert - mind. ein Elternteil Lehrer
Intrinsische Motivation: pädagogische Motivation	... es mir wichtig ist, dass Schüler/innen viel lernen	0,038	1,83	2,06
	... ich gut mit Kindern und Jugendlichen zurecht komme.	0,001	1,49	1,78
Extrinsische Motivation: wenig Aufwand im Studium	... es leichter ist als andere Studiengänge.	0,007	4,33	4,00

Analog zum Ergebnis auf Faktorenebene misst der Teil der Stichprobe, der mindestens einen Lehrer unter den Eltern hat, der extrinsischen Motivationsvariable „... es leichter ist als andere Studiengänge" einen höheren Wert bei der Berufswahl zu.

In Bezug auf die geographiespezifischen Interessen stellen sich kaum Abweichungen zwischen den Gruppen heraus, einzig die Items Tourismus und Umwelt sowie Ethnien und Völker sind interessanter für die Studierenden, deren Eltern beide keine Lehrer sind (vgl. Tab. 30).

Tabelle 30: Unterschiede in den Mittelwerten zwischen „mindestens ein Elternteil Lehrer" (N=63) und „Eltern sind keine Lehrer" (N=242) auf Variablenebene (Interessen)

Interessenvariable	asymptotische Signifikanz	Mittelwert - Eltern keine Lehrer	Mittelwert - mind. ein Elternteil Lehrer	höhere Motivation bei:
Tourismus und Umwelt	0,031	1,95	2,27	Eltern keine Lehrer
Ethnien und Völker	0,040	2,06	2,40	Eltern keine Lehrer

Die signifikanten Unterschiede in den Mittelwerten bestätigen die Hypothese (H6), jedoch zeigen sich deutlich weniger Differenzen als für die beiden zuvor behandelten unabhängigen Variablen (vgl. Kapitel 5.3.1 und 5.3.2)

5.3.4 Mittelwertvergleiche bzgl. der unabhängigen Variable „Erdkunde in der Oberstufe"

In wie weit hat der Erdkundeunterricht in der Oberstufe einen Einfluss auf die Interessen und Berufswahlmotive der Studierenden? Es zeigt sich signifikant, dass die Studenten, die in der Oberstufe Erdkunde hatten, ein höheres Interesse bei den Themenbereichen zeigen, die sie in der Oberstufe laut Lehrplan behandelt haben, wie z.b. Stadt, Wirtschaft und Politik. Für die Studenten, die keine Erdkunde in der Oberstufe hatten, fiel das Interesse in diesen Themenbereichen niedriger aus. Sie interessierten sich stärker für die Themenbereiche Topographie und Physische Geographie II: Planet Erde (vgl. Tab. 31).

Tabelle 31: Unterschiede in den Mittelwerten zwischen „Erdkunde in der Oberstufe" (N=159) und „keine Erdkunde in der Oberstufe" (N=151) auf Skalenebene

Subskala		asymptotische Signifikanz	stärkere Ausprägung bei:
Intrinsische Motivation	pädagogische Motivation	0,028	keine Erdkunde in der Oberstufe
Interesse	Wirtschaft und Politik	0,001	Erdkunde in der Oberstufe
	Topographie	0,016	keine Erdkunde in der Oberstufe
	Stadt	0,035	Erdkunde in der Oberstufe
	Landwirtschaft	0,043	Erdkunde in der Oberstufe
	Physische Geographie II: Planet Erde	0,011	keine Erdkunde in der Oberstufe

Auch auf Variablenebene bestätigt sich dieses Bild (vgl. Tab. 32). Analog zur Faktorenebene haben diejenigen die Erdkunde in der Oberstufe hatten, ein höheres Interesse an Themen wie z.B. Wirtschaftliche und politische Zusammenarbeit in Europa, Industrie, wirtschaftliche Situation in verschiedenen Gebieten der Erde, Landwirtschaft in verschiedenen Gebieten der Erde, Stadt- und Raumplanung, Verstädterung und Bevölkerungsexplosion.

Tabelle 32: Unterschiede in den Mittelwerten zwischen „Erdkunde in der Oberstufe" (N=159) und „keine Erdkunde in der Oberstufe" (N=151) auf Variablenebene (Interesse)

Skala	Variable	asymptotische Signifikanz	Mittelwert - ja	Mittelwert - Nein	stärkere Ausprägung bei:
Topographie	Lage der Erdteile, Meere und Gebirge	0,004	2,09	1,79	Nein
	Lage der wichtigsten Landschaften, Flüsse, Städte ... Deutschlands	0,046	2,15	1,92	Nein
Physische Geographie II: Planet Erde	Entstehung der Erde	0,005	2,27	1,96	Nein

5 Ergebnisse der empirischen Untersuchung

Wirtschaft und Politik	Wirtschaftliche und politische Zusammenarbeit in Europa, z.B. ...	0,012	2,37	2,68	Ja
	Industrie	0,007	2,42	2,76	Ja
	wirtschaftliche Situation in verschiedenen Gebieten der Erde	0,006	2,11	2,40	Ja
Landwirtschaft	Landwirtschaft in den verschiedenen Gebieten der Erde	0,013	2,33	2,63	Ja
Umwelt	Umweltbelastungen durch Verkehr	0,008	2,19	2,50	Ja
Stadt	Stadt- und Raumplanung	0,036	2,39	2,63	Ja
	Verstädterung (Tendenz ...)	0,002	2,01	2,36	Ja
Ohne Skala	Bevölkerungsexplosion (...)	0,008	1,71	1,97	Ja
	Tourismus und Umwelt	0,002	1,86	2,21	Ja

Für die Berufswahlmotivation zeigt sich auf Faktorenebene, dass für die Studierenden der Stichprobe, die keine Erdkunde in der Oberstufe hatten, die intrinsische pädagogische Motivation von größerer Bedeutung war (vgl. Tabelle 31). Dies spiegeln auch die Ergebnisse auf Variablenebene wider (vgl. Tabelle 33).

Tabelle 33: Unterschiede in den Mittelwerten zwischen „Erdkunde in der Oberstufe" (N=159) und „keine Erdkunde in der Oberstufe" (N=151) auf Variablenebene (Berufswahlmotive)

	Subskala	Variable	Asymptotische Signifikanz	Mittelwert - ja	Mittelwert - nein
Intrinsische Motive	pädagogische Motivation	... es mir Spaß macht, die Erziehung von Kindern und Jugendlichen mitzugestalten.	0,023	1,85	1,67
		... es für mich wichtig ist, einen Beitrag zur Ausbildung von Kindern und Jugendlichen zu leisten.	0,043	1,89	1,71
	Motivation zur Wissensvermittlung	... ich mich gern mit den Inhalten meiner Fächer beschäftige.	0,001	1,55	1,80
	Selbsteinschätzung zur Befähigung zum Lehrerberuf	... ich gut erklären kann.	0,024	2,02	2,21
		... ich fachliche Inhalte interessant vermitteln kann.	0,010	2,11	2,33
	Keine Skala	... mein Erdkundelehrer mich dazu ermutigte.	0,000	3,50	4,54

Weiterhin stellt sich heraus, dass die Studenten, die Erdkunde in der Oberstufe hatten, das Item „... ich mich gern mit den Inhalten meiner Fächer beschäftige" hochsignifikant höher bewerteten. Zudem scheinen eben diese Studenten ein höheres Kompetenzgefühl für den Beruf des Geographielehrers zu haben, wie man aus ihrer Bewertung der Items „... ich gut erklären kann" und „... ich fachliche Inhalte interessant vermitteln kann" schließen kann.

Dass die Geographielehramtsstudenten, die Erdkunde in der Oberstufe hatten, häufiger von ihrem Erdkundelehrer zu ihrer Berufswahl ermutigt wurden, ist schlüssig, da diejenigen, die keine Erdkunde in der Oberstufe hatten, vermutlich das letzte Mal in der Mittelstufe mit einem Erdkundelehrer Kontakt hatten. Insbesondere die interessenbezogenen Ergebnisse verdeutlichen die Bedeutung des Erdkundeunterrichts in der Oberstufe.

6 Überprüfung der Fragestellungen und Hypothesen

Im Folgenden werden die Ergebnisse der Überprüfung der Hypothesen und Fragestellungen im Hinblick auf die Grundgesamtheit der Gießener Geographie-Lehramtsstudenten übersichtlich zusammengefasst. Für die Fälle in denen sich eindeutige Ergebnisse zeigen, sollte in einer späteren Untersuchung deren Gültigkeit in einem größeren Bezugsrahmen (z.b. alle Geographie-Lehramtsstudenten in Hessen oder Deutschland) geprüft werden.

H1.	Welche fachlichen Interessen bestimmen die Wahl des Lehramtsstudiums Geographie?

Das höchste Interesse zeigen die Gießener Lehramtsstudenten für die drei Skalen Topograpie, Physische Geographie I: Klima und Menschen, Völker, Religionen. Bezüglich der Beliebtheit von einzelnen geographischen Themenitems ergibt sich ein sehr differenziertes, heterogenes Bild. So sind unter den zehn beliebtesten Items drei, die der Skala Menschen/Völker/Religion zugeordnet werden können, sowie zwei aus dem Themenbereich Topographie. Die mit Abstand beliebteste Variable Naturkatastrophen ist das einzige Item der Interessenskala Physische Geographie I: Klima, das es unter die zehn beliebtesten Themen geschafft hat.

Es lässt sich kein eindeutiger Zusammenhang zwischen bestimmten geographiespezifischen Interessen und der Wahl eines Lehramtsstudiengangs Geographie erkennen. Diese Aussage gilt für die Stichprobe als ganze. Man kann allerdings Unterschiede in den Fachinteressen zwischen verschiedenen Gruppen erkennen (vgl. Kapitel 5.3)

H2.	Welche intrinsischen und extrinsischen Motive bestimmen die Wahl des Lehramtsstudiums Geographie?

Bei den extrinsischen Motivskalen sind die Subskalen Sicherheit, die vor allem finanzielle Sicherheit bedeutet, und Zeiteinteilung und Familie für die Berufswahl entscheidend, wohingegen dem Faktor wenig Aufwand im Studium wenig Bedeutung seitens der Studierenden zugemessen wird. Auf Platz 1 der intrinsischen Motive der Gießener Studenten steht die Skala Pädagogische Motivation. Unter den fünf Aussagen, die am stärksten bewertet wurden, befinden sich ausschließlich intrinsische Motive. Dabei scheint den Probanden die Auseinandersetzung mit jungen Menschen besonders wichtig zu sein. Drei dieser fünf Items gehören der intrinsischen Subskala pädagogische Motivation an, während die anderen beiden der intrinsischen Subskala Motivation zur Wissensvermittlung zuzuordnen sind.

Im Gegensatz dazu findet sich unter den fünf Motiven, die am schwächsten bewertet wurden, kein einziges intrinsisches, sondern ausschließlich extrinsische Motive (vgl. Kap. 5.1.2).
Auf Grund der sozialen Erwünschtheit, d. h. der Tendenz eher so zu antworten, wie es in der Gesellschaft opportun ist, ist dieses Ergebnis zwar mit etwas Vorsicht zu betrachten, aber wegen der sehr starken Mittelwertunterschiede zwischen den intrinsischen und extrinsischen Items zumindest tendenziell als valide anzusehen. Bei einer repräsentativen Folgeuntersuchung sollte in dem Fragebogen eine Skala zur Messung der sozialen Erwünschtheit implementiert werden, um diesen Aspekt quantifizierbar zu machen.

H3.	In welchem Zusammenhang stehen die fachlichen Interessen mit den intrinsischen und extrinsischen Berufswahlmotiven der Lehramtsstudierenden?

Die extrinsischen Motive stehen nur in sehr geringem Maße mit den Interessensskalen in Zusammenhang. Die intrinsischen Motive hingegen weisen eine niedrige bis mittlere Korrelation zu den Interessen auf. Die stärkste Verbindung mit den intrinsischen Motiven findet sich bei den Interessenskalen Menschen/Völker/Religion sowie Umwelt (s. Kapitel 5.2.5). Dieses Ergebnis deckt sich im Wesentlichen mit dem von Urhahne.

H4.	Es bestehen Unterschiede zwischen weiblichen und männlichen Lehramtsstudierenden der Geographie in ihren Berufswahlmotiven und geographiespezifischen Interessen.

Die signifikanten Unterschiede in den Mittelwerten bestätigen diese Hypothese (vgl. Kapitel 5.3.1). Es zeigt sich, dass die weibliche Population der Stichprobe eine hochsignifikant höhere pädagogische Motivation sowie eine stärker ausgeprägte Motivation zur Wissensvermittlung aufweist als die männlichen Studienteilnehmer. Im Gegensatz dazu haben die männlichen Studenten eine höhere Motivation in Bezug auf ihre Selbsteinschätzung zur Befähigung zum Lehrerberuf. Mit Blick auf die Interessesubskalen stellt sich heraus, dass die weibliche Stichprobe ein höheres Interesse an den geographischen Themenbereichen Umwelt, Menschen/Völker/Religion und Physische Geographie II: Planet Erde aufweist, während die männlichen Versuchspersonen interessierter an Wirtschaft und Politik sind. Für die extrinsischen Subskalen zeigen sich keine signifikanten Geschlechtsunterschiede. Betrachtet man allerdings nur die die Familie betreffenden Variablen der Subskala Zeiteinteilung und Familie, bewerten die weiblichen Lehramtsstudenten der Geographie diese signifikant höher.

6 Überprüfung der Fragestellungen und Hypothesen

H5.	Es bestehen Unterschiede zwischen Studierenden verschiedener Lehramtsstudiengänge in ihren Berufswahlmotiven und geographiespezifischen Interessen.

Es zeigt sich, dass Unterschiede zwischen den Lehramtsstudiengängen für das Gymnasium (L3) sowie für Haupt- und Realschulen (L2) auf Faktorenebene (Subskalen) und Variablenebene existieren. Die L2-Studierenden weisen eine hochsignifikant stärker ausgeprägte Motivation in Bezug auf die extrinsische Subskala „wenig Aufwand im Studium" auf. Die L3-Studenten bewerteten die intrinsische Subskala Motivation zur Wissensvermittlung stärker. Bei den Interesseskalen weist nur die Subskala Wirtschaft und Politik einen signifikanten Unterschied zwischen den Studiengängen auf. Die Studenten des Lehramtes für Gymnasien zeigten hier ein höheres Interesse. Auf Variablenebene bestätigen sich diese und weitere Unterschiede (vgl. Kapitel 5.3.2).

H6.	Es bestehen Unterschiede in den Berufswahlmotiven und geographiespezifischen Interessen zwischen Studierenden, von denen mindestens ein Elternteil Lehrer ist, und denen, deren Eltern beide keine Lehrer sind.

Für die unabhängige Variable mindestens ein Elternteil Lehrer zeigt sich auf Skalenebene nur ein signifikanter Unterschied. Der Faktor wenig Aufwand im Studium wird von den Studierenden, von denen mindestens ein Elternteil Lehrer ist, als wichtig bewertet. Auf Variablenebene legen die Studenten, deren Eltern keine Lehrer sind, höheren Wert auf die intrinsischen Berufswahlmotive „... es mir wichtig ist, dass Schüler/innen viel lernen" und „... ich gut mit Kindern und Jugendlichen zurecht komme". Für den Teil der Stichprobe, der mindestens einen Lehrer unter den Eltern hat, scheint die extrinsische Motivationsvariable „... es leichter ist als andere Studiengänge" stärker auf die Berufswahl zu wirken.
In Bezug auf die geographiespezifischen Interessen stellen sich kaum Abweichungen zwischen den Gruppen heraus (vgl. Kapitel 5.3.3).

H7.	Es bestehen Unterschiede in den Berufswahlmotiven und geographiespezifischen Interessen zwischen Studierenden, die in der Oberstufe Erdkunde als Schulfach hatten und denen die keine Erdkunde in der Oberstufe hatten.

Es zeigt sich signifikant, dass die Studenten, die in der Oberstufe Erdkunde hatten, ein höheres Interesse bei den Themen zeigen, die sie in der Oberstufe laut Lehrplan behandelt haben. Bei den Berufswahlmotiven ist auf Faktorenebene erkennbar, dass für die Studierenden der Stichprobe, die keine Erdkunde in der Oberstufe hatten, die intrinsische pädagogische Motivation von größerer Bedeutung war. Dieses Ergebnis spiegelt sich auf Variablenebene wider. Weiterhin stellt sich heraus, dass die Studenten, die Erdkunde in der Oberstufe hatten, die Items „... ich mich gerne mit den Inhalten meiner Fächer beschäftige", „... ich gut erklären kann" und „... ich fachliche Inhalte interessant vermitteln kann" signifikant höher bewerteten. Folglich lässt sich ein Einfluss der unabhängigen Variable Erdkunde in der Oberstufe bestätigen.

Bis auf die Fragestellung H1 konnten alle weiteren Hypothesen und Fragestellungen klar beantwortet werden. Insbesondere aus den Ergebnissen der Untersuchung der Unterschiede bezüglich der unabhängigen Variablen ergibt sich ein differenziertes Bild der Gießener Geographie-Lehramtsstudenten.

7 Fazit und Ausblick

Welche Motive führen dazu den Beruf des Erdkundelehrers zu wählen?
Dies war die zentrale Frage dieser Untersuchung, die nach Auswertung der erhobenen Daten dahingehend beantwortet werden kann, dass die Berufswahl der Gießener Geographie-Lehramtsstudenten stark von intrinsischen Beweggründen geprägt ist.
Die Ergebnisse des ersten Teils (A) des Fragebogens verdeutlichen die Wichtigkeit einer positiven Beziehung zum Lehrerberuf, des Interesses am Fach und des mit der Lehrtätigkeit verbundenen Umgangs mit Menschen für die Wahl des Lehramtsstudiums Geographie. Auffällig für die Gießener Stichprobe ist das im Vergleich zur gesamten Population von Lehramtsstudierenden, die in der HIS-Studie erfasst wurde, prägnant höhere wissenschaftliche Interesse und gleichzeitig der deutlich geringer ausfallende Einfluss sozialer Motive wie „zu sozialen Veränderungen beitragen".
Auch für die Auswertung des zweiten Abschnitts (B) des Messinstruments stellt sich eine deutlich stärkere Bewertung intrinsischer Motive der Subskalen pädagogische Motivation und Motivation zur Wissensvermittlung heraus.
Dem laut Ergebnissen deutlich geringeren Einfluss extrinsischer Motive kann zwar mit dem Verweis auf den Effekt der sozialen Erwünschtheit entgegnet werden, jedoch zeigen sich die Unterschiede in der Bewertung zu den intrinsischen Motiven so deutlich, dass diese nicht alleine auf diesen Effekt zurück zu führen sind.
Die Interessen der Geographie-Lehramtsstudenten, denen im dritten Teil des Fragebogens (C) nachgegangen wurde, zeigen in der Auswertung ein sehr heterogenes, differenziertes Bild. Es lässt sich keine deutliche Struktur beschreiben. Auffällig ist, dass sowohl bei den Gießener Lehramtsstudenten als auch bei den Schülern (HEMMER & HEMMER 1995, 2006) das beliebteste Thema die Naturkatastrophen sind.
Die Korrelation der Interessenskalen mit den extrinsischen und intrinsischen Subskalen bestätigt die Ergebnisse von URHAHNE (2006) und verdeutlicht einen Zusammenhang zwischen Interessen und intrinsischen Motiven, während die extrinsischen nicht mit den Interessen korrelieren. Die erarbeitete Produkt-Moment-Korrelation (vgl. Tabelle 20) lässt sich deshalb mit URHAHNE (2006) vergleichen, weil er auf sehr ähnliche Subskalen kam.
Als besondere Stärke dieser Arbeit kann der Abschnitt (D) mit den unabhängigen Variablen gesehen werden. Diese ermöglichte eine Untersuchung der Stichprobe nach gruppenspezifischen Unterschieden. So zeigte sich z.B., dass die weibliche Population der Stichprobe eine hochsignifikant höhere pädagogische Motivation sowie eine stärker

ausgeprägte Motivation zur Wissensvermittlung aufweist als die männlichen Studienteilnehmer, letztere dagegen eine höhere Motivation in Bezug auf ihre Selbsteinschätzung zur Befähigung zum Lehrerberuf. Im Zusammenhang mit geschlechtsspezifischen Unterschieden ist an dieser Stelle noch zu nennen, dass die die Familie betreffenden Variablen der Subskala Zeiteinteilung und Familie von den weiblichen Lehramtsstudenten der Geographie signifikant höher bewertet wurden als von männlichen (vgl. 5.3.1).
Weiterhin wurde deutlich, dass Unterschiede zwischen Studierenden verschiedener Lehramtsstudiengänge bestehen. Studierende des Lehramtsstudiengangs für Haupt- und Realschulen (L2) weisen eine hochsignifikant stärker ausgeprägte Motivation in Bezug auf die extrinsische Subskala wenig Aufwand im Studium auf, während Studierende des Lehramtsstudiengangs für Gymnasien (L3) die intrinsische Subskala Motivation zur Wissensvermittlung stärker bewerteten. Darüber hinaus zeigen sich Unterschiede in den Interessen (siehe 5.3.2).

Für Studierende mit mindestens einem Elternteil als Lehrer war es wichtiger, dass sie wenig Aufwand im Studium haben, als für den Rest der Stichprobe; dieser ordnete den intrinsischen Berufswahlmotiven „... es mir wichtig ist, dass Schüler/innen viel lernen" und „... ich gut mit Kindern und Jugendlichen zurecht komme" einen höheren Wert zu (vgl. 5.3.3).

Zudem wurde deutlich, dass die Studenten, die in der Oberstufe Erdkunde hatten, ein höheres Interesse bei den Themen zeigen, die sie in der Oberstufe laut Lehrplan behandelt haben (vgl. 5.3.4) Diese Themen spiegeln die zentralen globalen Probleme unseres Jahrhunderts wider und das Interesse an ihnen ist Grundlage für politische Partizipation und der Bewusstwerdung der Notwendigkeit einer Verhaltensänderung z.B. in Bezug auf nachhaltiges Wirtschaften. Also ist es nicht nur für das Fach Erdkunde von Bedeutung, dass möglichst alle Schüler in der Oberstufe sich mit diesen Themen auseinandersetzen, sondern für unsere gesamte Gesellschaft.

Es ließen sich entsprechend der Menge an unabhängigen Variablen und des vorhandenen Datensatzes noch einige weitere Hypothesen überprüfen, allerdings war es mir nicht möglich, dies im zeitlichen Rahmen einer Examensarbeit umzusetzen. Diese Möglichkeiten jedoch bieten Anlass zur weiteren Auswertungen des Datensatzes.

Auch wäre es interessant die in dieser Studie bestätigten Hypothesen, die sich nur auf die Gießener Geographielehramtsstudierenden beziehen, auf eine größere Grundgesamtheit zu übertragen (z.B. alle hessischen Geographielehramtstudenten) und zu überprüfen. Diese Arbeit wäre dann in der Rolle einer Vorstudie für eine größere Untersuchung. Weiterhin bietet die Untersuchung die Grundlage für eine mögliche Längsschnittstudie zur Berufswahlmotivation von (Geographie-)Lehramtsstudierenden der Justus-Liebig-Universität Gießen.

Parallel zu der Datenerhebung in Gießen wurde das Messinstrument ins Polnische übersetzt, um an der Universität Łódź eine vergleichbare Erhebung durchzuführen. Der Vergleich der Ergebnisse der Gießener und Lodzer Lehramtsstudenten wird voraussichtlich im Frühjahr 2010 in der Zeitschrift Geographie und ihre Didaktik veröffentlicht.

8 Literaturverzeichnis

BACKHAUS, K., ERICHSON, B., PLINKE, W. & WEIBER, R. (2000): Multivariate Analysemethoden. Eine anwendungsorientierte Einführung. Berlin, Heidelberg: Springer.

BOSSMANN, D. (1977): Zur Berufswahlmotivation künftiger Lehrer(-innen). In: Pädagogische Rundschau. Jg. 31, S. 557-574.

BORTZ, J. & DÖRING, N. (2006): Forschungsmethoden und Evaluation für Human- und Sozialwissenschaftler. Heidelberg: Springer Medizin.

EBERLE, T. & POLLAK, G. (2006): Studien- und Berufswahlmotivation von Lehramtsstudierenden. In: PAradigma. Beiträge aus Forschung und Lehre aus dem Zentrum für Lehrerbildung und Fachdidaktik (Universität Passau), Jg. 1, H. 1, S. 19-36.

HEINE, C., SPANGENBERG, H., SCHREIBER, J. & SOMMER, D. (2005): Studienanfänger in den Wintersemestern 2003/04 und 2004/2005. HIS-Hochschulplanung Band 180. Hannover: HIS.

HEMMER, I. & HEMMER, M. (1995): Was interessiert Jungen und Mädchen im Geographieunterricht. In: Praxis Geographie. H. 7-8, S. 78-79.

HEMMER, I. & HEMMER, M. (1996): Schülerinteresse am Geographieunterricht – grundsätzliche Überlegungen und erste empirische Ergebnisse. In: Geographie und ihre Didaktik, Heft 4, S. 192-204.

HEMMER, I. & HEMMER, M. (2002a): Mit Interesse lernen. Schülerinteresse und Geographieunterricht. In: geographie heute, Jg. 23, H. 202, S. 2-7.

HEMMER, I. & HEMMER, M. (2002b): Wie kann ich die Interessen meiner Schüler ermitteln? In: geographie heute, 23.Jg., H. 202, S. 10–12.

HEMMER, I. & HEMMER, M. (2006): Kontinuität und Wandel im Schülerinteresse an einzelnen Themen des Geographieunterrichts – Ergebnisse zweier empirischer Untersuchungen aus den Jahren 1995 und 2005. In: ZOLITSCHKA, B. (Hg.) Buten un binnen – wagen un winnen. Tagungsband zum 30. Deutschen Schulgeographentag in Bremen 2006. Bremen, S. 181-185.

HEMMER, I., HEMMER, M., BAYRHUBER, H., HÄUSSLER, P., HLAWATSCH, S., HOFFMANN, L. & M. RAFFELSIEFER (2005): Interesse von Schülerinnen und Schülern an geowissenschaftlichen Themen. In: Geographie und ihre Didaktik. Heft 2, S. 57 – 72.

JANSSEN, J. & LAATZ, W. (2007): Statistische Datenanalyse mit SPSS für Windows. Eine anwendungsorientierte Einführung in das Basissystem und das Modul Exakte Tests. Berlin, Heidelberg: Springer.

KAISER, H. F. & RICE, J. (1974): Little Jiffy, Mark IV. In: Educational and Psychological Measurement, Jg. 34 (S. 111 ff). Zitiert in: BACKHAUS, K., ERICHSON, B., PLINKE, W. & WEIBER, R. (2000): Multivariate Analysemethoden. Eine anwendungsorientierte Einführung. Berlin, Heidelberg: Springer. S. 269.

KLEMM, K. (2009): Zur Entwicklung des Lehrerinnen- und Lehrerbedarfs in Deutschland. Essen. Im Internet: http://www.uni-due.de/isa/lehrerbedarf_2009.pdf , 22.10.2009.

KRAPP, A. (1998): Entwicklung und Förderung von Interessen im Unterricht. In: Psychologie in Erziehung und Unterricht, Jg. 45, S. 185–101.

KRAPP, A. (2006): Interesse. In: ROST, D. H. (Hrsg.): Handwörterbuch Psychologie. Weinheim: Beltz PVU.

LEUTNER, D. (2006): Pädagogisch-Psychologische Diagnostik. In: ROST, D. H. (Hrsg.): Handwörterbuch Psychologie. Weinheim: Beltz PVU.

LIENERT, G. A. (1989): Testanalyse und Testaufbau. Weinheim: Beltz PVU.

LIENERT, G. A. & RAATZ, U. (1994):Testaufbau und Testanalyse. Weinheim: Beltz PVU.

LIPOWSKY, F. (2003): Wege von der Hochschule in den Beruf. Eine empirische Studie zum beruflichen Erfolg von Lehramtsstudenten in der Berufseinstiegsphase. Bad Heilbrunn: Klinkhardt.

MARTIN, R. & STEFFGEN, G. (2002): Zum Einfluss der Berufswahlmotive auf die Berufszufriedenheit von Grundschullehrern. In: Psychologie in Erziehung und Unterricht, Jg. 49, H. 4, S. 241–249.

MILLER, R. (2007): Vom Lehr-Herrn zum Unterrichtsentwickler. Über Wandel und „Widerstände" in Schulentwicklungsprozessen. In: Pädagogik, H. 9, S. 20-23.

NEUHAUS, B. & BRAUN, E. (2007): Testkonstruktion und Testanalyse – praktische Tipps für empirisch arbeitende Didaktiker. In H. Bayrhuber, D. Elster, D. Krüger & H.J. Vollmer (Hrsg.), *Kompetenzentwicklung und Assessment,* Innsbruck: Studienverlag, S.135-164.

OBERMAIER, G. (1997): Strukturen und Entwicklung des geographischen Interesses von Gymnasialschülern in der Unterstufe – eine bayernweite Untersuchung. München (Münchener Studien zur Didaktik der Geographie).

OESTERREICH, D. (1987): Die Berufswahlentscheidung von jungen Lehrern. Berlin: Max-Plank-Institut für Bildungsforschung.

8 Literaturverzeichnis

POHLMANN, B. & MÖLLER, J. (2005, September): Typisierung von Motivationsstrukturen bei Lehramtsstudierenden. Vortrag auf der 10. Fachtagung Pädagogische Psychologie, Halle (Saale), 26.-28.9.2005 (zitiert in URHAHNE 2006114):

ROST, D. H. (2005): Interpretation und Bewertung pädagogisch-psychologischer Studien. Eine Einführung. Weinheim: Beltz.

SANDFUCHS, U. (2004):Geschichte der Lehrerbildung in Deutschland. In: BLÖMEKE, S., REINHOLD, P., TULODZIECKI, G. & WILDT, J. (Hrsg.): Handbuch Lehrerbildung. Bad Heilbrunn: Westermann & Klinkhardt, S. 14-37.

SCHIEFELE, U. & KÖLLER, O. (2006): Intrinsische und extrinsische Motivation. In: ROST, D. H. (Hrsg.): Handwörterbuch Psychologie. Weinheim: Beltz PVU, S. 880-886.

SCHMIDT-WULFFEN, W. & AEPKERS, M. (1996): Was interessiert Jugendliche an der Dritten Welt? Eine empirische Untersuchung mit didaktischen Konsequenzen. In: Praxis Geographie, Heft 10, S. 50-52.

STATISTISCHES BUNDESAMT (HRSG.)(2008): Jahr 2007: Zahl der Erwerbstätigen erreicht Höchststand. Pressemitteilung Nr. 001 vom 2.1.2008, Im Internet: http://www.destatis.de/jetspeed/portal/cms/Sites/destatis/Internet/DE/Presse/pm/2008/ 01/PD08__001__13321,templateId=renderPrint.psml , 22.10.2009.

STATISTISCHES BUNDESAMT (HRSG.)(2007): Vollzeitbeschäftigte Beamte arbeiten durchschnittlich 40,5 Stunden. Pressemitteilung Nr. 438 vom 1.11.2007, Im Internet: http://destatis.de/jetspeed/portal/cms/Sites/destatis/Internet/DE/Presse/pm/2007/11/PD 07__438__741,templateID=renderprint.psml , 20.10.2009.

STELTMANN, K. (1980): Motive für die Wahl des Lehrerberufs. In: Zeitschrift für Pädagogik, Jg. 26, S. 571-586.

TERHART, E., CZERWENKA, K., EHRICH, K., JORDAN, F. & SCHMIDT, H.J. (1994): Berufsbiographien von Lehrern und Lehrerinnen. Frankfurt a.M.: Lang.

TERHART, E. (2004):Struktur und Organisation der Lehrerbildung in Deutschland. In: BLÖMEKE, S., REINHOLD, P., TULODZIECKI, G. & WILDT, J. (Hrsg.): Handbuch Lehrerbildung. Bad Heilbrunn: Westermann & Klinkhardt, S. 37-59.

ULICH, K. (2004): „Ich will Lehrer/in werden". Eine Untersuchung zu den Berufswahlmotiven von Studieren. Weinheim: Beltz.

URHAHNE, D. (2006): Ich will Biologielehrer(-in) werden! – Berufswahlmotive von Lehramtsstudenten der Biologie. In: Zeitschrift für Didaktik der Naturwissenschaften, Jg. 12, S. 111-125.

8 Literaturverzeichnis

VOGT, H. (2007): Theorie des Interesses und des Nicht-Interesses. In: KRÜGER, D. & VOGT, H. (Hrsg.): Theorien in der Biologiedidaktischen Forschung. Ein Handbuch für Lehramtsstudenten und Doktoranden. Berlin Heidelberg: Springer, S. 9-18.

WATT, H.M.G. & RICHARDSON, P.W. (2007): Motivational factors influencing teaching as a career choice: Development and validation oft he „FIT-Choice" Scale. In: Journal of Experimental Education, Jg. 75, H. 3, S. 167-202.

WILD, E. , HOFER, M. & PEKRUN, R. (2001): Psychologie des Lernens. In KRAPP, A. & WEIDENMANN, B. (Hrsg.): Pädagogische Psychologie. Weinheim: Beltz PVU, S. 207-270.

ANHANG

I. Fragebogen Hauptstudie

Der bei dieser Untersuchung verwendete Fragebogen besteht aus Teilen von Fragebögen von anderen Studien. Teil A (Seite 2) wurde von der HIS-Studie (HEINE ET AL. 2005), Teil B (Seite 3) wurde von der Studie von URHAHNE 2006 übernommen, wobei die Variablen zur intrinsischen und extrinsischen Motivation auf der Studie POHLMANN UND MÖLLER 2005 basieren. Die Fragen zum Interesse an geographischen Themen stammen aus der Untersuchung von HEMMER UND HEMMER 2002b.

ANHANG

Institut für Geographie
Didaktik der Geographie
Karl-Glöckner-Str. 21G
35394 Gießen
Telefon: 0641/9936306

JUSTUS-LIEBIG-
UNIVERSITAT
GIESSEN

Fragebogen für Studentinnen und Studenten zum Thema Motivation und Interesse für das Lehramtsstudium Geographie

Liebe Studentin, lieber Student,

im Rahmen unserer Forschungsarbeit führen wir eine Befragung zum Thema „Motivation und Interesse für das Lehramtsstudium Geographie" durch und möchten Sie um Ihre Unterstützung bitten. In dem von Prof. Dr. Haversath betreuten Forschungsprojekt geht es darum herauszufinden, welche Motive für die Studienwahl entscheidend sind und welche geographischen Themen Sie interessieren.
Da es für das Forschungsprojekt wichtig ist, Informationen direkt von Studentinnen und Studenten zu erhalten, bitten wir Sie herzlich, an unserer Befragung teilzunehmen und die Fragen ganz offen zu beantworten. Ihre Antworten leisten einen sehr wichtigen Beitrag zur Forschungsarbeit.

Dazu einige Hinweise:

Die Befragung wird anonym durchgeführt. Wir bitten Sie, **keinen Namen** auf den Fragebogen zu schreiben.

Alle Ihre Angaben dienen nur wissenschaftlichen Zwecken und werden streng vertraulich behandelt. Die Teilnahme an der Befragung ist **freiwillig**.

Bitte lesen Sie sich die Fragen und Aussagen im Fragebogen erst vollständig durch und beantworten Sie sie danach. **Es gibt dabei kein Richtig oder Falsch, sondern nur Ihre persönliche Meinung.**

Vielen Dank für Ihre Mitarbeit!

Samuel Lüdemann, Marten Lößner & Prof. Dr. Haversath

ANHANG

Motivation und Interesse für das Lehramtsstudium Geographie

Wie wichtig sind die folgenden Gründe für die Wahl Ihres Studiums?
Kreuzen Sie bitte jeweils den zutreffenden Skalenwert an.

Ich habe mein Studium gewählt...

	sehr wichtig 1	2	3	4	Un-wichtig 5
1 aus fachspezifischem Interesse	☐	☐	☐	☐	☐
2 weil es meinen Neigungen und Begabungen entspricht	☐	☐	☐	☐	☐
3 um mich persönlich zu entfalten	☐	☐	☐	☐	☐
4 um zu sozialen Veränderungen beizutragen	☐	☐	☐	☐	☐
5 um anderen zu helfen	☐	☐	☐	☐	☐
6 weil Eltern, Verwandte oder Freunde in entsprechenden Berufen tätig sind	☐	☐	☐	☐	☐
7 aus wissenschaftlichem Interesse	☐	☐	☐	☐	☐
8 um im angestrebten Beruf möglichst selbstständig arbeiten zu können	☐	☐	☐	☐	☐
9 um viele Berufsmöglichkeiten zu haben	☐	☐	☐	☐	☐
10 um einen angesehenen Beruf zu bekommen	☐	☐	☐	☐	☐
11 um eine gesicherte Berufsposition zu erhalten	☐	☐	☐	☐	☐
12 um gute Verdienstchancen zu erreichen	☐	☐	☐	☐	☐
13 weil ich den Lehrerberuf mag	☐	☐	☐	☐	☐
14 weil für mich von vornherein nichts anderes in Frage kam als gerade dieses Studium	☐	☐	☐	☐	☐
15 wegen der kurzen Studienzeiten	☐	☐	☐	☐	☐
16 weil mir mein Studium unter den vorhandenen Möglichkeiten als das kleinste Übel erscheint	☐	☐	☐	☐	☐
17 um viel Umgang mit Menschen zu haben	☐	☐	☐	☐	☐
18 weil in meiner Studienrichtung günstige Chancen auf dem Arbeitsmarkt bestehen	☐	☐	☐	☐	☐
19 auf Anregung der Berufsberatung des Arbeitsamtes	☐	☐	☐	☐	☐
20 auf Anregung der Studienberatung der Hochschule	☐	☐	☐	☐	☐
21 weil mir Studenten dieses Studiengangs dieses empfohlen haben	☐	☐	☐	☐	☐

Welche der oben genannten Aspekte ist für Ihre Studienfachwahl der wichtigste? Tragen Sie bitte die entsprechende Zahl ein: _____

ANHANG

Ich habe das Lehramtsstudium Geographie gewählt, weil ...	stimmt völlig	stimmt ziemlich	stimmt teils-teils	stimmt etwas	stimmt gar nicht
...ich gern mit Kindern und Jugendlichen arbeite.	☐	☐	☐	☐	☐
...ich als Lehrer/in die Vorteile des Beamtenstatus genieße.	☐	☐	☐	☐	☐
...das Lehramtsstudium durch die Belegung mehrerer Fächer abwechslungsreich ist.	☐	☐	☐	☐	☐
...ich als Lehrer/in durch die flexible Arbeitszeit soziale Kontakte pflegen kann.	☐	☐	☐	☐	☐
...es mir wichtig ist, dass Schüler/innen viel lernen.	☐	☐	☐	☐	☐
...ich in keinem anderen Beruf so viel Ferien hätte wie im Lehrerberuf.	☐	☐	☐	☐	☐
...ich mir einen Diplom-/Master-Studiengang nicht zutraue.	☐	☐	☐	☐	☐
...ich viel in meinen Fächern dazulernen möchte.	☐	☐	☐	☐	☐
...ich als Lehrer/in die Möglichkeit habe, mich um meine Familie zu kümmern.	☐	☐	☐	☐	☐
...ich als Lehrer/in gut verdiene.	☐	☐	☐	☐	☐
...ich gut erklären kann.	☐	☐	☐	☐	☐
...es mir immer Spaß gemacht hat, in die Schule zu gehen.	☐	☐	☐	☐	☐
...ich fachliche Inhalte interessant vermitteln kann.	☐	☐	☐	☐	☐
...ich denke, dass ich eine gute Lehrerin/ ein guter Lehrer sein werde.	☐	☐	☐	☐	☐
...ich mir als Lehrer/in die Arbeitszeit zum großen Teil selbst einteilen kann.	☐	☐	☐	☐	☐
...es mir Spaß macht, anderen Wissen zu vermitteln.	☐	☐	☐	☐	☐
...ich als Lehrer/in wichtige Wissensbestände vermitteln kann.	☐	☐	☐	☐	☐
...ich als Lehrer/in auch noch meinen Hobbys nachgehen kann.	☐	☐	☐	☐	☐
...es mir Spaß macht, die Erziehung von Kindern und Jugendlichen mitzugestalten.	☐	☐	☐	☐	☐
...ich als Lehrer/in regelmäßig ein festes Gehalt bekomme.	☐	☐	☐	☐	☐
...mir die Ausbildung von Kindern und Jugendlichen ein echtes Anliegen ist.	☐	☐	☐	☐	☐
...ich mich gern mit den Inhalten meiner Fächer beschäftige.	☐	☐	☐	☐	☐
...das Studium nicht so anstrengend ist.	☐	☐	☐	☐	☐
...ich als Lehrer/in Familie und Beruf gut vereinbaren kann.	☐	☐	☐	☐	☐
...ich als Lehrer/in viel freie Zeit habe.	☐	☐	☐	☐	☐
...ich als Lehrer/in finanziell abgesichert bin.	☐	☐	☐	☐	☐
...meine Unterrichtsfächer wichtig sind.	☐	☐	☐	☐	☐
...es für mich wichtig ist, einen Beitrag zur Ausbildung von Kindern und Jugendlichen zu leisten.	☐	☐	☐	☐	☐
...es leichter ist als andere Studiengänge.	☐	☐	☐	☐	☐
...ich mein Wunschstudium nicht geschafft habe/ schaffen würde.	☐	☐	☐	☐	☐
...ich gut mit Kindern und Jugendlichen zurecht komme.	☐	☐	☐	☐	☐
...mein Erdkundelehrer/in mich dazu ermutigte	☐	☐	☐	☐	☐

ANHANG

Ich habe das Lehramtsstudium Geographie gewählt, weil mich folgende Themen interessieren:	Interessiert mich sehr	Interessiert mich	teils, teils	Interessiert mich wenig	Interessiert mich nicht	Begriff unklar
1. Lage der Erdteile, Meere und Gebirge	☐	☐	☐	☐	☐	☐
2. Die Entstehung der Erde	☐	☐	☐	☐	☐	☐
3. Entwicklungsländer/arme Länder der Erde	☐	☐	☐	☐	☐	☐
4. Wirtschaftliche und politische Zusammenarbeit in Europa, z.B. der Austausch von Waren	☐	☐	☐	☐	☐	☐
5. Die wirtschaftliche Situation in verschiedenen Gebieten der Erde	☐	☐	☐	☐	☐	☐
6. Eingriffe des Menschen in den Naturhaushalt	☐	☐	☐	☐	☐	☐
7. Erdwissenschaftliche Forschung/Forschungsprojekte	☐	☐	☐	☐	☐	☐
8. Lage der wichtigsten Landschaften, Flüsse, Städte, ... meines Bundeslandes	☐	☐	☐	☐	☐	☐
9. Die Entstehung der Tages- und Jahreszeiten	☐	☐	☐	☐	☐	☐
10. Armut und Hunger auf der Erde	☐	☐	☐	☐	☐	☐
11. Landwirtschaft in den verschiedenen Gebieten der Erde	☐	☐	☐	☐	☐	☐
12. Umweltbelastungen durch Verkehr	☐	☐	☐	☐	☐	☐
13. Entdeckungsreisen	☐	☐	☐	☐	☐	☐
14. Lage der wichtigsten Landschaften, Flüsse, Städte,... Deutschlands	☐	☐	☐	☐	☐	☐
15. Die Oberflächenformen und deren Entstehung (z.B. Hochgebirge, Küsten,...)	☐	☐	☐	☐	☐	☐
16. Änderungen in der Landwirtschaft zwischen früher und heute	☐	☐	☐	☐	☐	☐
17. Tourismus und Umwelt	☐	☐	☐	☐	☐	☐
18. Lage der wichtigsten Landschaften, Flüsse, Städte,... Europas	☐	☐	☐	☐	☐	☐
19. Die Entstehung der Naturlandschaft im Heimatraum	☐	☐	☐	☐	☐	☐
20. Ethnien und Völker	☐	☐	☐	☐	☐	☐
21. Vergleich wirtschaftlicher/politischer Großmächte der Erde (z.B. USA – Russland, Indien – China)	☐	☐	☐	☐	☐	☐
22. Stadt und Umland	☐	☐	☐	☐	☐	☐
23. Umweltprobleme in der Region	☐	☐	☐	☐	☐	☐
24. Weltraum/Planeten/Sonnensystem	☐	☐	☐	☐	☐	☐
25. Wetter und Klima	☐	☐	☐	☐	☐	☐
26. Naturkatastrophen (z. B. Vulkanismus, Hochwasser, Erdbeben, Lawinen)	☐	☐	☐	☐	☐	☐
27. Gesellschaftssysteme	☐	☐	☐	☐	☐	☐
28. Religionen	☐	☐	☐	☐	☐	☐
29. Verstädterung (Tendenz, dass weltweit immer mehr Menschen in Städten wohnen)	☐	☐	☐	☐	☐	☐

ANHANG

Ich habe das Lehramtsstudium Geographie gewählt, weil mich folgende Themen interessieren:	Interessiert mich sehr	Interessiert mich	teils, teils	Interessiert mich wenig	Interessiert mich nicht	Begriff unklar
30. Treibhauseffekt und Ozonproblematik/ weltweite Erwärmung der Lufthülle der Erde	☐	☐	☐	☐	☐	☐
31. Ökosysteme der Tropen und Subtropen (z. B. tropischer Regenwald, Sahelzone)	☐	☐	☐	☐	☐	☐
32. Bevölkerungsexplosion (das starke Wachstum der Erdbevölkerung)	☐	☐	☐	☐	☐	☐
33. Industrie	☐	☐	☐	☐	☐	☐
34. Waldsterben	☐	☐	☐	☐	☐	☐
35. Klimazonen (z. B. Tropen, Polarzone)	☐	☐	☐	☐	☐	☐
36. Vegetationszonen/Pflanzengürtel der Erde (z. B. Nadelwaldzone, Savanne)	☐	☐	☐	☐	☐	☐
37. Bevölkerungswanderung	☐	☐	☐	☐	☐	☐
38. Energie (Gewinnung und Versorgung)	☐	☐	☐	☐	☐	☐
39. Müllprobleme	☐	☐	☐	☐	☐	☐
40. Leben der Menschen in fremden Ländern	☐	☐	☐	☐	☐	☐
41. Verkehr(swege)	☐	☐	☐	☐	☐	☐
42. Stadt- und Raumplanung	☐	☐	☐	☐	☐	☐
43. Verschiebung der Erdteile/Plattentektonik	☐	☐	☐	☐	☐	☐
44. Leben der Naturvölker (z. B. Eskimo, Indianer)	☐	☐	☐	☐	☐	☐
45. Urlaubs- und Naherholungsgebiete	☐	☐	☐	☐	☐	☐
46. Bodenbelastung (z. B. durch Abgase, alte Müllkippen) und Bodenzerstörung	☐	☐	☐	☐	☐	☐
47. Leben von ausländischen Mitbürger/innen in Deutschland	☐	☐	☐	☐	☐	☐
48. Die Verschmutzung von Gewässern	☐	☐	☐	☐	☐	☐
49. Aktuelle Krisen-/Kriegsgebiete der Erde	☐	☐	☐	☐	☐	☐
50. Landwirtschaft und Umwelt	☐	☐	☐	☐	☐	☐
51. Kartenerstellung und Kartennutzung	☐	☐	☐	☐	☐	☐

Noch ein paar Angaben zur Person

1. Alter: _____ Jahre

2. Geschlecht: ☐ weiblich ☐ männlich

3. Für welche Schulform studieren Sie Lehramt?:

☐ Grundschule ☐ Hauptschule/Realschule ☐ Gymnasium ☐ Sonderschule

ANHANG

4. In welchem Semester studieren Sie Geographie-Lehramt?

Im _____ Semester

5. Für welche Fächer studieren Sie Lehramt?

_____ _____

6. Haben Sie Erkunde in der Oberstufe gehabt?

Ja ☐	Nein ☐ (weiter mit Frage 7)
➤ Wenn ja, hatten Sie Erdkunde Grundkurs oder Leistungskurs?	
Grundkurs ☐	Leistungskurs ☐

7. Welches der folgenden Praktika haben Sie schon gemacht? Kreuzen Sie bitte entsprechendes an!

Orientierungspraktikum (in der Regel vor Studienbeginn)	☐
Allgemeines Schulpraktikum (für L2,L3) Grundschuldidaktisches Praktikum (für L1) Praktikum in der ersten Fachrichtung (für L5)	☐
Fachpraktikum in Geographie	☐
Fachpraktikum im anderen Fach	☐

8. Haben Sie vorher etwas anderes studiert?

Ja ☐	Nein ☐ (weiter mit Frage 9)
➤ Falls ja, was haben Sie vorher studiert?	
_____	

ANHANG

9. Geben Sie bitte jeweils den höchsten beruflichen Abschluss Ihrer Eltern an. Entsprechendes bitte ankreuzen.

	Mutter	Vater
Hochschul-/Universitätsabschluss	☐	☐
Fachhochschulabschluss o.ä.	☐	☐
Meisterprüfung, Technikerschulabschluss	☐	☐
Lehre oder gleichwertige Berufsausbildung	☐	☐
Kein beruflicher Abschluss	☐	☐

10. Ist mindestens ein Elternteil beim Staat /im öffentlichen Dienst angestellt?

Ja ☐   Nein ☐ (weiter mit Frage 11)

➡ Wenn ja, geben Sie bitte an, welchen der unten genannten Berufsgruppen Ihre Eltern angehören, bzw. zuletzt angehört haben. Entsprechendes bitte ankreuzen.

	Mutter	Vater
Beamter	☐	☐
Angestellter	☐	☐

11. Geben Sie bitte an ob eines Ihrer Elternteile Lehrer ist oder war:

Vater war/ist Lehrer: ja☐   nein☐

Mutter war/ist Lehrer: ja☐   nein☐

➡ Wenn ja, sind/waren Ihr Vater bzw. Ihre Mutter Geographielehrer? Entsprechendes bitte ankreuzen.

Vater war/ist Geographielehrer: ja☐   nein☐

Mutter war/ist Geograpielehrerin: ja☐   nein☐

Geschafft! Ganz herzlichen Dank für die Mitarbeit!

II. Strukturdiagramme: Faktorenanalytisch überprüfte Subskalen zu intrinsischen und extrinsischen Berufswahlmotiven

Faktorenanalytisch überprüfte Subskalen zu den extrinsischen Berufswahlmotiven

Subskala "Sicherheit":	Subskala "Zeiteinteilung und Familie":	Subskala "Wenig Aufwand im Studium":
• ... ich als Lehrer/in finanziell abgesichert bin. • ... ich als Lehrer/in gut verdiene. • ... ich als Lehrer/in regelmäßig ein festes Gehalt bekomme. • ... ich als Lehrer/in die Vorteile des Beamtenstatus genieße.	• ... ich als Lehrer/in durch die flexible Arbeitszeit soziale Kontakte knüpfen kann. • ... ich als Lehrer/in viel freie Zeit habe. • ich mir als Lehrer/in die Arbeitszeit zum großen Teil selbst einteilen kann. • ... ich als Lehrer/in auch noch meinen Hobbys nachgehen kann. • ... ich als Lehrer/in Familie und Beruf gut vereinen kann. • ... ich als Lehrer/in die Möglichkeit habe, mich um meine Familie zu kümmern. • ... ich in keinem anderen Beruf so viel Ferien hätte wie im Lehrerberuf.	• ... es leichter ist als andere Studiengänge. • ... das Studium nicht so anstrengend ist. • ... ich mir einen Diplomstudiengang nicht zutraue. • ... ich mein Wunschstudium nicht geschafft habe/schaffen würde.

Faktorenanalytisch überprüfte Subskalen zu den intrinsischen Berufswahlmotiven

Subskala "Pädagogische Motivation":

- ... es mir Spaß macht, die Erziehung von Kindern und Jugendlichen mitzugestalten.
- ... mir die Ausbildung von Kindern und Jugendlichen ein echtes Anliegen ist.
- ... es für mich wichtig ist, einen Beitrag zur Ausbildung von Kindern und Jugendlichen zu leisten.
- ... ich gern mit Kindern und Jugendlichen arbeite.
- ... ich gut mit Kindern und Jugendlichen zurecht komme.
- ... es mir wichtig ist, dass Schüler/innen viel lernen

Subskala "Motivation zur Wissensvermittlung":

- ... meine Unterrichtsfächer wichtig sind.
- ... ich viel in meinen Fächern dazulernen möchte.
- ... ich mich gern mit den Inhalten meiner Fächer beschäftige.
- ... ich als Lehrer/in wichtige Wissensbestände vermitteln kann.
- ... das Lehramtsstudium durch die Belegung mehrerer Fächer abwechslungsreich ist.
- ... es mir Spaß macht, anderen Wissen zu vermitteln.

Subskala "Selbsteinschätzung zur Befähigung zum Lehrerberuf":

- ... ich gut erklären kann.
- ... ich denke, dass ich eine gute Lehrerin/ ein guter Lehrer sein werde.
- ... ich fachliche Inhalte interessant vermitteln kann.

ANHANG

III. Ranking nach Mittelwerten der Studienwahl-Motivvariablen des Fragebogenteils A (basierend auf HEINE ET AL. 2005)

	Studienwahl-Motivvariablen	N	Minimum	Maximum	Mittelwert	Standardabweichung
1	weil ich den Lehrerberuf mag	312	1	5	1,61	,778
2	aus fachspezifischem Interesse	312	1	5	1,80	,790
3	um viel Umgang mit Menschen zu haben	310	1	5	1,94	,945
4	weil es meinen Neigungen und Begabungen entspricht	310	1	5	2,16	,845
5	um eine gesicherte Berufsposition zu erhalten	310	1	5	2,20	1,127
6	um im angestrebten Beruf möglichst selbstständig arbeiten zu können	311	1	5	2,33	,961
7	um gute Verdienstchancen zu erreichen	310	1	5	2,48	1,090
8	um mich persönlich zu entfalten	306	1	5	2,54	,941
9	aus wissenschaftlichem Interesse	308	1	5	2,61	1,026
10	um anderen zu helfen	310	1	5	2,71	1,082
11	weil in meiner Studienrichtung günstige Chancen auf dem Arbeitsmarkt bestehen	312	1	5	2,75	1,077
12	um viele Berufsmöglichkeiten zu haben	311	1	5	2,96	1,109
13	um einen angesehenen Beruf zu bekommen	309	1	5	2,97	1,128
14	um zu sozialen Veränderungen beizutragen	309	1	5	2,99	1,105
15	weil für mich von vornherein nichts anderes in Frage kam als gerade dieses Studium	310	1	5	3,16	1,236
16	wegen der kurzen Studienzeiten	311	1	5	4,08	,957
17	weil mir mein Studium unter den vorhandenen Möglichkeiten als das kleinste Übel erscheint	310	1	5	4,21	,995
18	weil mir Studenten dieses Studiengangs dieses empfohlen haben	312	1	5	4,30	1,043

ANHANG

19	weil Eltern, Verwandte oder Freunde in entsprechenden Berufen tätig sind	311	1	5	4,37	1,090
20	auf Anregung der Berufsberatung des Arbeitsamtes	311	1	5	4,64	,748
20	auf Anregung der Studienberatung der Hochschule	307	1	5	4,64	,751
	Gültige Werte (Listenweise)	280				

ANHANG

IV. Ranking nach Mittelwerten der extrinsischen Berufswahl-Motivationsvariablen des Fragebogenteils B (basierend auf URHAHNE. 2006)

	Berufswahl-Motivationsvariablen	N	Minimum	Maximum	Mittelwert	Standardabweichung
1	... ich als Lehrer/in regelmäßig ein festes Gehalt bekomme.	310	1	5	2,13	,976
2	... ich als Lehrer/in finanziell abgesichert bin.	309	1	5	2,31	1,004
3	... ich als Lehrer/in Familie und beruf gut vereinen kann.	312	1	5	2,37	1,068
4	... ich als Lehrer/in gut verdiene.	311	1	5	2,45	,995
5	... ich als Lehrer/in die Möglichkeit habe, mich um meine Familie zu kümmern.	311	1	5	2,50	1,150
6	... ich als Lehrer/in auch noch meinen Hobbys nachgehen kann.	311	1	5	2,54	1,067
7	... ich als Lehrer/in durch die flexible Arbeitszeit soziale Kontakte knüpfen kann.	311	1	5	2,59	1,046
8	... ich als Lehrer/in die Vorteile des Beamtenstatus genieße.	309	1	5	2,62	1,120
9	... ich mir als Lehrer/in die Arbeitszeit zum großen Teil selbst einteilen kann.	311	1	5	3,03	1,080
10	... ich als Lehrer/in viel freie Zeit habe.	309	1	5	3,41	1,169
11	... ich in keinem anderen Beruf so viel Ferien hätte wie im Lehrerberuf	311	1	5	3,43	1,351
12	... das Studium nicht so anstrengend ist.	311	1	5	4,06	,987
13	... es leichter ist als andere Studiengänge.	310	1	5	4,26	,934
14	... ich mein Wunschstudium nicht geschafft habe/schaffen würde.	311	1	5	4,53	,980
15	... ich mir einen Diplomstudiengang nicht zutraue.	312	1	5	4,55	,870
	Gültige Werte (Listenweise)	295				

V. Ranking nach Mittelwerten der intrinsischen Berufswahl-Motivationsvariablen des Fragebogenteils B (basierend auf URHAHNE, 2006)

	Berufswahl-Motivationsvariablen	N	Minimum	Maximum	Mittelwert	Standardabweichung
1	... ich gern mit Kindern und Jugendlichen arbeite.	311	1	5	1,48	,709
2	... ich gut mit Kindern und Jugendlichen zurecht komme.	311	1	4	1,55	,630
3	... es mir Spaß macht, anderen Wissen zu vermitteln.	311	1	3	1,64	,632
4	... ich mich gern mit den Inhalten meiner Fächer beschäftige.	309	1	4	1,68	,714
5	... mir die Ausbildung von Kindern und Jugendlichen ein echtes Anliegen ist.	312	1	5	1,75	,791
6	... es mir Spaß macht, die Erziehung von Kindern und Jugendlichen mitzugestalten.	312	1	5	1,77	,764
7	... ich denke, das ich eine gute Lehrerin/ ein guter Lehrer sein werde.	311	1	5	1,78	,669
8	... es für mich wichtig ist, einen Beitrag zur Ausbildung von Kindern und Jugendlichen zu leisten.	311	1	5	1,81	,757
9	... ich als Lehrer/in wichtige Wissensbestände vermitteln kann.	311	1	5	1,89	,750
9	... es mir wichtig ist, dass Schüler/innen viel lernen	311	1	5	1,89	,831
9	... ich viel in meinen Fächern dazulernen möchte.	309	1	5	1,89	,844
12	... das Lehramtsstudium durch die Belegung mehrerer Fächer abwechslungsreich ist.	311	1	5	2,00	,863
12	... meine Unterrichtsfächer wichtig sind.	312	1	5	2,00	,849
14	... ich gut erklären kann.	310	1	4	2,12	,679
15	... ich fachliche Inhalte interessant vermitteln kann.	308	1	5	2,22	,742
16	... es mit immer Spaß gemacht hat, in die Schule zu gehen.	310	1	5	2,59	1,203
17	... mein Erdkundelehrer mich dazu ermutigte.	312	1	5	4,01	1,338
	Gültige Werte (Listenweise)	291				

ANHANG

VI. Ranking nach Mittelwerten der geographiespezifischen Interessenvariablen des Fragebogenteils C (basierend auf HEMMER & HEMMER 2002b)

	Interessenvariablen	N	Minimum	Maximum	Mittelwert	Standardabweichung
1	Naturkatastrophen (z.B. Vulkanismus, Hochwasser, Erdbeben, Lawinen)	302	1	5	1,62	,788
2	Entwicklungsländer/arme Länder der Erde	298	1	5	1,72	,890
3	Armut und Hunger auf der Erde	301	1	5	1,73	,866
4	Entdeckungsreisen	301	1	5	1,79	,958
5	Leben der Menschen in fremden Ländern	299	1	5	1,83	,970
6	Aktuelle Krisen- und Kriegsgebiete der Erde	301	1	5	1,84	,922
6	Bevölkerungsexplosion (das starke Wachstum der Erdbevölkerung)	302	1	5	1,84	,906
8	Lage der Erdteile, Meere und Gebirge	302	1	5	1,94	,835
9	Lage der wichtigsten Landschaften, Flüsse, Städte,... Europas	302	1	5	1,98	1,006
10	Eingriffe des Menschen in den Naturhaushalt	301	1	5	2,00	,950
11	Tourismus und Umwelt	302	1	5	2,04	,986
1	Lage der wichtigsten Landschaften, Flüsse, Städte,... Deutschlands	300	1	5	2,04	1,061
13	Wetter und Klima	301	1	5	2,05	1,022
14	Leben der Naturvölker (z.B. Eskimo, Indianer)	302	1	5	2,09	1,020
15	Klimazonen (z. B. Tropen, Polarzone)	301	1	5	2,10	,986
16	Lage der wichtigsten Landschaften, Flüsse, Städte,... meines Bundeslandes	302	1	5	2,11	1,101
16	Die Entstehung der Erde	302	1	5	2,11	,967
16	Bevölkerungswanderung	299	1	5	2,11	,959
19	Ökosysteme der Tropen und Subtropen (z.B. tropischer Regenwald, Sahelzone)	302	1	5	2,12	,906
20	Ethnien und Völker	299	1	5	2,13	1,073
21	Treibhauseffekt und Ozonproblematik/ weltweite Erwärmung der Lufthülle der Erde	302	1	5	2,14	,890
22	Die Oberflächenformen und deren Entstehung (z.B. Hochgebirge, Küsten,...)	301	1	5	2,15	1,059

ANHANG

22	Verschiebung der Erdteile/ Plattentektonik	299	1	5	2,15	1,079
24	Verstädterung (Tendenz, dass weltweit immer mehr Menschen in Städten wohnen)	302	1	5	2,19	1,005
25	Vergleich wirtschaftlicher/ politischer Großmächte der Erde (z.B. USA -Russland, Indien - China)	301	1	5	2,23	1,151
26	Die wirtschaftliche Situation in verschiedenen Gebieten der Erde	302	1	5	2,26	1,031
27	Umweltprobleme in der Region	300	1	5	2,27	,987
28	Gesellschaftssysteme	298	1	5	2,33	1,047
28	Die Entstehung der Tages- und Jahreszeiten	302	1	5	2,33	,986
29	Umweltbelastungen durch Verkehr	302	1	5	2,35	1,006
29	Stadt und Umland	301	1	5	2,35	1,001
29	Weltraum/ Planeten/ Sonnensystem	299	1	5	2,35	1,213
30	Vegetationszonen/ Pflanzengürtel der Erde (z.B. Nadelwaldzone, Savanne)	300	1	5	2,36	1,030
31	Waldsterben	301	1	5	2,38	,977
32	Urlaubs- und Naherholungsgebiete	301	1	5	2,42	1,047
33	Leben von ausländischen Mitbürger/innen in Deutschland	301	1	5	2,43	1,146
33	Die Entstehung der Naturlandschaft im Heimatraum	302	1	5	2,43	1,057
34	Energie (Gewinnung und Versorgung)	300	1	5	2,44	1,063
35	Landwirtschaft und Umwelt	302	1	5	2,49	1,011
36	Landwirtschaft in den verschiedenen Gebieten der Erde	302	1	5	2,50	1,065
37	Stadt- und Raumplanung	301	1	5	2,51	1,097
38	Wirtschaftliche und politische Zusammenarbeit in Europa, Z.B. der Austausch von Waren	302	1	5	2,53	1,086
39	Die Verschmutzung von Gewässern	302	1	5	2,54	,963
40	Kartenerstellung und Kartennutzung	301	1	5	2,58	1,185
41	Industrie	301	1	5	2,59	1,040
41	Änderungen in der Landwirtschaft zwischen früher und heute	302	1	5	2,59	1,104
43	Bodenbelastung (z B. durch Abgase, alte Müllkippen) und Bodenzerstörung	301	1	5	2,65	1,017
43	Müllprobleme	301	1	5	2,65	1,083

45	Erdwissenschaftliche Forschung/Forschungsprojekte	296	1	5	2,71	1,125
46	Verkehr(swege)	300	1	5	2,75	,996
47	Religionen	302	1	5	2,83	1,307
	Gültige Werte (Listenweise)	259				